Otto Dempwolff

Tagebücher

„So, nun habe ich Euch doch auch einmal über mich geschrieben, was Ihr so gern hören wollt, und wovon ich so ungern spreche, weil alles Mitteilen so nutzlos ist, da ich doch allein mit mir fertig werden muss, und die Thatsachen viel schneller schreiten, als Antwort, und Urteil und Rat eintreffen können." (Brief an seine Eltern vom 8. Nov. 1899)

Für Irmgard Duttge,
Tochter von Otto Dempwolff.

Otto Dempwolff

Tagebücher aus Südwestafrika

1898–1900

Bibliografische Information der Deutschen Nationalbibliothek:
Die Deutsche Nationalbibliothek verzeichnet diese Publikation in der
Deutschen Nationalbibliografie; detaillierte bibliografische Daten sind
im Internet über http://dnb.dnb.de abrufbar.

Texterfassung: Irmgard Duttge, geb. Dempwolff; Michael Duttge
Buchgestaltung: Michael Duttge
Herausgeber: Michael Duttge

Herstellung und Verlag: BoD – Books on Demand, Norderstedt

ISBN: 9783748156390

Inhaltsverzeichnis

Vorwort

Prof. Dr. med. Dr. phil. h. c. Otto Dempwolff (1871–1938) war ein deutscher Arzt und Sprachwissenschaftler.

Dempwolff war tätig als Schiffsarzt auf Passagierschiffen zwischen Europa und Südamerika, als Arzt in Papua-Neuguinea und als Stabs- bzw. Oberstabsarzt der deutschen Schutztruppen in Afrika. Zeitweise arbeitete er unter Robert Koch in der Malariaforschung.

Als Sprachwissenschaftler wurde er bekannt mit seinen Studien über austronesische und afrikanische Sprachen. Nach seiner ärztlichen Tätigkeit leitete er als nb. ao. Professor das Seminar für *Indonesische und Südseesprachen* an der Universität in Hamburg.

Dieses Buch enthält die Texte der Tagebücher und Briefe, die Dempwolff in den Jahren 1898 bis 1900 aus Südwestafrika an seine Eltern in Deutschland schickte. In dieser Zeit diente er als Stabsarzt in der *Kaiserlichen Schutztruppe für Deutsch-Südwestafrika*. Die Tagebücher und Briefe sind handgeschrieben und wurden größtenteils von Dempwolffs Tochter, meiner Mutter Irmgard Duttge, abgetippt. Ihr Engagement und ihre Recherchen haben dieses Buch möglich gemacht.

Die Tagebücher und Briefe werden chronologisch und einzeln in eigenen Kapiteln wiedergegeben. Eine Liste der vorhandenen Skizzen und Fotos, die den Schriftstücken beigefügt wurden, findet man im Abbildungsverzeichnis. Das Personenverzeichnis enthält z. T. bekannte Persönlichkeiten. Ihre dort wiedergegebenen Beschreibungen folgen ausschließlich denen aus den Tagebüchern und Briefen und sind entsprechend kurz und schlicht. Ein Abkürzungs- und ein Pferdeverzeichnis (die Tagebücher und

Briefe nehmen Bezug auf verschiedene Pferde) finden sich ebenfalls am Ende des Buches.

Die Rechtschreibung der Tagebücher und Briefe wurde nahezu ohne Veränderungen übernommen. Einige Wörter sind – zumindest nach heutiger Schreibweise – fehlerhaft. Erläuternde Beispiele findet man im Wörterverzeichnis. Eine alte Landkarte von Südwest-Afrika – zur Orientierung während des Lesens – schließt den Anhang.

Die Tagebücher und Briefe sind wie folgt katalogisiert:
OD-Datum-SWA-Schriftstück-Seitenzahl-Vermerk, wobei

OD:	Präfix (Otto Dempwolff),
Datum:	Datum des Schriftstückes im ISO-Format,
SWA:	Südwestafrika,
Schriftstück:	Brief, Tagebuch, Postkarte oder Gedicht,
Seitenzahl:	Anzahl Seiten des Schriftstückes,
Vermerk:	Vermerk auf dem Schriftstück.

Diese Nomenklatur der Tagebücher und Briefe dient als Grundlage für die einzelnen Kapitel-Überschriften jedes Schriftstückes. In den Text eingefügte Zahlen in eckigen Klammern (also z.B. [3]) zeigen den Beginn der entsprechenden Seite des originären Schriftstückes an. In geschweiften Klammern hinzugefügte Texte sind nachträgliche Vermerke, höchstwahrscheinlich seines Vaters Georg Dempwolff.

Ich wünsche Ihnen viel Freude beim Lesen,
Michael Duttge, Herausgeber.

Foreword

Prof. Dr. med. Dr. phil. h. c. Otto Dempwolff (1871–1938) was a German physician and linguist.

Dempwolff worked as a ship's doctor on passenger ships operating between Europe and South America, as a doctor in Papua New Guinea and as a medical officer of the German colonial troops in Africa. At times he worked under Robert Koch in malaria research.

As a linguist he became famous with studies on Austronesian and African languages. After finishing his medical activity, he headed the seminar for *Indonesian and Pacific languages* at the University of Hamburg as an extraordinary professor.

This book contains the texts from the diaries and letters that Dempwolff sent from South West Africa to his parents in Germany from 1898 to 1900. During this period, he served as a medical officer in the *German South West African Schutztruppe*. The diaries and letters are handwritten and were mainly converted into digital text by Dempwolff's daughter, my mother Irmgard Duttge. Her engagement and research made this book possible.

The diaries and letters are reproduced chronologically and individually in separate chapters. A list of the existing sketches and photos attached to the documents can be found in the table of figures. The list of persons contains some well-known personalities. Their descriptions follow those given in the diaries and letters and are short and simple. A list of abbreviations and a list of horses (the diaries and letters refer to different horses) can also be found at the end of the book.

The orthography of the diaries and letters was reproduced faithfully and only minor changes were made. Some words are – at least according to modern spelling – incorrect. Explanatory examples can be found in the list of words. An old map of South West Africa – used as orientation for reading – closes the appendix.

The diaries and letters are catalogued as follows:
OD-Date-SWA-Document-Number of Pages-Note, where

OD:	prefix (Otto Dempwolff),
Date:	date of the document in ISO format,
SWA:	South West Africa,
Document:	letter, diary, postcard or poem,
Number of Pages:	number of pages in the document,
Note:	note on the document.

This nomenclature of the diaries and letters serves as the basis for the individual chapter headings of each document. Numbers in square brackets inserted into the text (e.g. [3]) indicate the beginning of the corresponding page of the original document. Texts added in curly brackets are later notes, most likely from his father Georg Dempwolff.

I hope you enjoy reading,
Michael Duttge, editor.

OD-1898-08-25-SWA-Diary-35p-No1

{Otto's 1ˢᵗ Wanderbrief …}

Schopenhauer hat in einem längeren Aufsatz „über die scheinbare Absichtlichkeit im Schicksal des Einzelnen" darauf hingewiesen, wie unerwartete Zufälligkeiten und unabwendbare Widerwärtigkeiten uns oft und meist nachträglich als besondere Fügung zu unserem Besten als „Vorsehung" erscheinen. Freilich kann die Erkenntnis des Guten und Bösen dabei erst retrospectiv kommen und nur die blinde Hoffnung auf diese höhere Leitung hinter den Coulissen des Lebenstheaters soll uns über die Enttäuschung des Augenblicks hinwegtrösten.

Wie dem auch sei; – nie bisher in meinem Leben habe ich mich so sehr in der Hand eines allmächtigen Schicksal gefühlt, wie an jenem 20. Juni, wo ich, nach Berlin gekommen, um mit der Neu-Guinea-Compagnie einen neuen Vertrag zu schliessen, zufällig dem Oberstabsarzt [2] Kohlstock begegnete, der noch am selben Tage spontan, ungebeten und entgegen seinen eigenen früheren Aussprüchen meine Einberufung zur Kaiserlichen Schutztruppe für Deutsch Südwest Afrika ausser der Reihe veranlasste.

Wohl versuchte ich noch, mir eine freie Wahl, ein „liberum arbitrium" offen zu halten, und erreichte eine sechsstündige Bedenkzeit. Aber Freundesrat und eigene Überlegung, dass eine ausgeschlagene Staatsstellung für immer verloren sei, eine Ablehnung des Civilpostens in Neu Guinea nur einen Aufschub um einige Jahre bedeute, zwangen mich in die sich mir so plötzlich und neu eröffnende Laufbahn hinein.

Südwest Afrika! – Nie hatte ich daran gedacht, dorthin zu gehen; nicht mehr, wie jeder Zeitungsleser, der die Spalten „Koloniales" durchfliegt, wusste ich von dem Lande. Aber mir blieb weder Zeit zum Grübeln über diese Schicksalslaune, noch zu eingehender

Information über Land und [3] Leute dieser Kolonie, so wie ich es seinerzeit in wochenlangem Bücherstudium gethan hatte, ehe ich ins Schutzgebiet der Neu Guinea Compagnie hinausging. Hatte ich mich nun einmal zu aktivem Militärdienst verpflichtet, so wurde ich schon jetzt völlig dafür in Beschlag gelegt.

Vor allem wurde ich vom Oberstabsarzt Kohlstock zum Geheimrath Koch geführt, der vor kurzem von seinen Studien über Pest und Malaria aus den Tropen heimgekehrt war, und eine Fülle neuer Forschungsresultate, umfangreiches Arbeitsmaterial und vielseitige Anregungen mitgebracht hatte. Unter seiner Oberleitung habe ich während der fünf Wochen bis zur Abreise, zusammen mit dem zum zweiten Male für Ostafrika bestimmten Stabsarzt Ollwig, im Institut für Infectionskrankheiten bei den Professoren Kossel und Wassermann einen Specialkurs über die in den Tropen vorkommenden Infectionskrankheiten genommen. [4] Täglich von 9 bis gegen 16 Uhr thätig – denn der Geheimrath selbst ist als unermüdlicher Arbeiter so lange dabei –, habe ich ungemein viel auf Gebieten wissenschaftlich-experimentell und theoretisch gelernt, in denen ich in den vier letzten Jahren „draussen" rein empirisch und praktisch gearbeitet hatte. Das war es, was ich aus Mangel eines Laboratoriums, aus Mangel jeder Anregung und Kritik in Neu Guinea so sehr vermisst hatte. Dabei gipfelte der ganze Unterricht, der uns Zweien zu teil wurde, immer in praktischen Ratschlägen, wie das überreiche Material bei den beschränkten Hülfsmitteln draussen wissenschaftlich nutzbar zu machen sei: nicht zu selbständigem Forschen (wozu militärärztlicher Dienst und tropische Verhältnisse selten Zeit lassen werden), sondern zum zweckmässigen Sammeln für die Bearbeitung in der Heimat.

Neben dieser medicinischen Vorbereitung wurde mir von Oberstabsarzt Kohlstock selbst eine militärärztliche Unterweisung, besonders [5] im Anfertigen von Attesten, zu Teil. Auch wurde mir nahegelegt, einen Reitkurs zu nehmen, da die Truppe in Südwest Afrika beritten ist. Endlich hatte ich alle Hände voll mit meiner Equipierung zu thun. Die Firma v. Tippelskirch ist die einzige, die die militärische Ausstattung vorschriftsmässig besorgt; da sie als sehr teuer gilt, so habe ich nur diese von ihr bezogen. Für meine anderen Einkäufe kamen mir meine Erfahrungen aus anderen Tropenländern einigermassen zu statten; immerhin sind noch eine ganze Reihe von Bedürfnissen geblieben, die ich teils versäumt habe, teils erst nach den ersten Wochen Afrikalebens werde ermitteln können: jedes Land, jede Kolonie hat ihre besonderen Erfordernisse.

In solcher Thätigkeit mannigfacher Vorbereitung verstrich die Zeit bis zum Abfahrtstermin, ohne mir auch nur einige Tage zu einer Besuchsreise zu meinen Verwandten zu lassen – was ich sehr bedauere.

Fast wäre noch im letzten Augenblick [6] eine Verzögerung meiner Abreise dadurch eingetreten, dass die Allerhöchste Cabinetsordre ausblieb, wahrscheinlich, weil mein Bezirkskommando den rechtzeitigen Termin versäumt hat, um meine Papiere nach Norwegen zu schicken, wo S.M. auf Nordlandreise weilte. Aber das Oberkommando der Schutztruppen half sich, indem es mich „aus der Reserve beurlaubt" hinausschickte, um mir die Cabinets-Ordre via Capetown nachzusenden.

So verliess ich denn am Sontag den 24. Juli morgens Berlin, war mittags in Stade, wo ich zu kurzem Abschied von meinen Eltern bis Montag morgen bleiben konnte, und traf desselben Tags mittags in Hamburg mit den drei Offizieren zusammen, die gleich mir zur Schutztruppe hinausgingen. Die Abfahrt des Dampfers verzögerte sich noch um einen Tag, wodurch uns Gelegenheit zu kleinen Einkäufen, und einer feuchten Abschiedsfeier gegeben wurde; am Dienstag den 26. Juli schifften wir uns ein, und verliessen Hamburg, Deutschland, Europa …

[7] Vor vier Jahren um dieselbe Jahreszeit, nur wenige Tage später, war ich zum ersten Male auf das offenen Meer hinausgefahren, – als Schiffsarzt nach Brazil –, hinausgezogen in ferne Lande, zu fremden Menschen, in die leuchtenden, warmen Tropen. Damals hatte es daheim einen ernsten fast feierlichen Abschied gegeben, als gälte es Trennung fürs Leben. Aber „Unkraut verdirbt nicht": so oft ich immer wieder von Hause ging, zu kurzen Reisen über die grosse Pfütze oder zu dauerndem Aufenthalt in der Fremde, stets bin ich lebendig wieder heimgekehrt – unberufen, unberufen und dreimal unter den Tisch klopfen, bitte! –, gesund oder krank, fröhlich oder auch tief verstimmt, jedoch nie überdrüssig meiner Fahrten, stets sehnsüchtig nach neuen Reisen, Erlebnissen, Abenteuern. So hat mir diesmal ganz besonders jeder Abschiedsschmerz gefehlt: ein fröhliches Fest mit lieben Verwandten war der letzte Abend im Elternhaus, eine lustige Bierreise mit den neuen Kameraden der letzte Abend in Hamburg, im Vaterlande gewesen. Und ebenso [8] verflüchtigte sich die selbstverständliche Frage nach dem Ob? Wann? und Wie? der Heimkehr in mir zu einem „Inschallah": „wie Gott will", und machte der reinen Freude an der Gegenwart Platz, über das erreichte Ziel, dass ich aufs Neue in angesehener und auskömmlicher Stellung in die Kolonien ginge und nicht daheim bleiben brauche. –

Von Deutschland nach Südwestafrika fährt alle zwei Monate, am 25. Juli, September, November u.s.w., ein Dampfer der Woermannlinie. Unser Schiff ist die „Marie Woermann", 1800 tons, 9 Seemeilen in der Stunde Geschwindigkeit, Raum für 20 Passagiere 1. Cajüte. Der Capitain A. Triebe gehört zu den besten und angenehmsten Vertretern seines Berufs; er verbindet die Gemütlichkeit des Sachsen (-Altenburg, glaube ich) mit der Bildung des

Leutnants zur See der Res. Der erste Offizier und erste Maschinist sind Durchschnittsseeleute, deren Vorzug ein negativer ist: dass ihre Bescheidenheit die rauhe Seemannsnatur nie durchbrechen lässt. [9] Ein sonderbarer Heiliger ist der Arzt, ein Dr. Wehrenpfennig, Braunschweiger, angeblich Sohn eines Fabrikbesitzers, der im 16. Semester vor 1 ½ Jahren Examen gemacht und sich seither davon erholt hat. Glücklicherweise hat er nicht viel zu thun, so kann er ungestört seine so und soviel Flaschen Bier konsumieren; übrigens verkehrt er meist in der Messe. –

Die Einrichtung der Kabinen und Kojen ist ziemlich veraltet; die Verpflegung aber geradezu schauderhaft: ich bin doch einigermassen gereist, aber nie, auch in der II. Kajüte englischer Dampfer, deren Küche in schlechtem Ruf steht, habe ich so schlecht gespeist. Es ist öfters die Rede von einer officiellen Beschwerde; wir fürchten nur den dabei unschuldigen und liebenswürdigen Kapitain mitzutreffen.

Wir sind unser 16 Passagiere in der ersten Kajüte, die alle nach Swakopmund mitgehen. Zur Schutztruppe sind ausser mir drei Offiziere bestimmt: Leutnant Volkmann, der bereits [10] 1894–97 draussen war, Leutnant Deuler vom 4. bayerischen Feldartillerie Regiment und Leutnant Graf von Stillfried und Rattonitz vom Kgl. preussischen Infanterie Rgt. v. Lützow (1. Rhein.) (N⁰ 25); alle drei ungefähr in meinem Alter, 27, 28 und 29 Jahre.

Dann ist da die Familie Boysen, Holsteiner. Vater, Mutter, sechzehnjähriger Tochter und Gesellschafterin von undefinierbarem Alter. Er ist früher kleiner Gutsbesitzer gewesen, jetzt draussen in Windhoek Kaufmann (Storekeeper), nach vierjährigem Aufenthalt und einjährigem Heimatbesuch zum zweiten Male hinausgehend.

Ferner die Frau des Stabsarztes a. D. (früher in der Schutztruppe) Dr. Richter, ebenso wie Boysens zum zweiten Male hinausgehend, ihrem Manne nach, der jetzt Regierungsarzt in Swakopmund mit 14000 M fixem Einkommen ist. Sie hat ihren 3 ½ jährigen Sohn und ein angenommenes Negermädchen bei sich. Sie ist die „schöne Frau" „la belle femme" an Bord. Wunderbar, so etwas fand ich auf allen meinen Reisen wie ein Typus, wie eine Romanfigur.

[11] Als einzel stehende Dame fährt eine Schwester vom roten Kreuz, Ida Kaufholz, zum ersten Male hinaus, nach Windhoek.

Nun kommen zwei Strohwittwer, Bahr und Henkert, beide anscheinend etwas verkrachte Existenzen, die in Afrika, wo sie bereits ein resp. drei Jahre waren, sich als Kleinkaufleute hoch arbeiten. Bahr ist der Typus eines dicken ostpreussischen kleinen Gutsbesitzers, mit unverfälschtem Dialect. Beide gehen nach Swakopmund.

Den Rest bilden zwei Junggesellen. Pilet, früherer Kaufmann, jetzt Besitzer der angeblich prosperierenden Farm „Frauenstein" bei Windhoek, 35 Jahre alt. Dedig ist als Commis von einer Importfirma engagiert, er ist Anfangszwanziger.

Nie bisher habe ich eine stumpfsinnigere Reisegesellschaft beisammen gesehen, nie eine langweiligere Reise gemacht. Woher das kommt? Vor allem fehlt wohl der „maître de plaisir". Dann besteht ein grosser Gegensatz zwischen der Familie Boysen und den Anderen, die bereits „draussen" gewesen sind; mit der Frau [12] Dr. Richter lebt sie in kaum verhehlter Feindschaft. Dazu kommt das unaufhörliche Kindergequarr: die Gören sind verzogen, wie möglich. Woran man denken könnte, dass die sozialen Gegensätze, z. B. Offiziere und Storekeeper, mitsprächen, gerade dies Moment trifft auffälligerweise nicht zu: unter uns Junggesellen herrscht ein einigermassen harmonischer, freilich sehr burschikoser Ton. Jedenfalls giebt es ausser dem alltäglichen Skat und dem Knobelbecher weder ein gemeinsames Vergnügen noch

16

ein Spiel, eine Unterhaltung, irgend ein Unternehmen. Auch die sonst so beliebte Aequatortaufe fiel aus. Kurz Stumpfsinn, Langeweile.

Bis Madeira hatten wir ganz gutes Sommerwetter, etwas kühl, aber ganz ruhig. Auch die Biskaya sah ich zum ersten Male ohne Seegang.

In Madeira waren wir nur einen Vormittag lang; wenige Stunden, die wir Junggesellen zu dem üblichen Schlittenausflug vom Berg herunter und zu einem [13] erlesenen Frühstück benutzten, das uns nach der miserabelen Schiffskost doppelt mundete; den Kapitain hatten wir dazu eingeladen, halb ironisch, um ihm anzudeuten, was wir an Bord entbehrten. – Übrigens enttäuschte mich Madeira diesmal etwas; vor vier Jahren war ich so entzückt davon gewesen, weil es der erste Anblick subtropischer Vegetation gewesen war, mittlerweile habe ich mehr und schöneres gesehen, ich kann vergleichen, und: „das Bessere ist der Feind des Guten". Vielleicht trifft auch nur der Satz zu, dass man beim zweiten Besuch eines Ortes, an dem man einmal gerne geweilt hat, immer enttäuscht ist. Ist dies nur eine geistreichelnde These, oder eine Erfahrung, die sich psychologisch analysieren lässt? Dann dürfte ich nicht nach dem schönen Neu-Guinea zurück …

Von Madeira bis Monrovia, vom 4. bis 13. August, hatten wir warmes Tropenwetter, zuerst still, dann, vom 9. ab unter lebhaftem Südwestmonsun. Ich holte meine weissen Anzüge vor, lag auf [14] meinem Triumphstuhl herum und vertrieb mir die Zeit durch Lesen. Es giebt keine Schiffsbibliothek und die Passagiere haben nur die blödesten Dutzendromane mit; Collection Engelhorn und Kürschner. Nur eine kleine Geschichte fand ich, die mir gefiel: „verspielte Leute" von H. Böhlau: eine Philisterfamilie aus dem alten Weimar wird reizend geschildert; ihr gequält humoristischer Familienjargon erinnerte mich lebhaft an die guten Oberforstmeisters in Stade. –

Sonnabend, den 13. August, lagen wir einige Stunden vor Monrovia, der „Hauptstadt" der Negerrepublik Liberia. Die Firma Woermann hat daselbst eine Faktorei; wir hatten aber keine Ladung mit, sondern nahmen nur zwei Dutzend Neger, Krooboys, an Bord, die für jeweils eine Reise zu 1 sh. pro Kopf und Tag als Arbeiter, Matrosen und Heizer angeworben werden. – Wir Junggesellen gingen mit dem Kapitain an Land. Monrovia ist das schmutzigste und zerfallenste Negernest, das ich je gesehen habe. [15] Auch die nur von Negern bewohnten Viertel von Bahia oder die Ruinen von Olinda in Brazil stehen bei mir in besserer Erinnerung. Die farbige Bevölkerung von Monrovia teilt sich in die eingeborene Kroonegerrasse, mit blauem Tätowierstrich über der Nase und einem Stück Lumpen um die Hüften, und in die aus Nordamerika zurückgebrachten „coloured gentlemen", die in schwarzen Anzügen und blendend weisser Wäsche den Europäer möglichst nachäffen. Auffallend war mir die Höflichkeit dieser Leute; z.B. befleissigte sich der schwarze Postbeamte einer erlesenen Zuvorkommenheit, und – unbegreiflich! – betrog uns nicht beim Wechseln unseres deutschen Geldes. – In einem Store einer deutschen Firma mit dem biederen Namen „Schultze" bekamen wir dann einige Ansichtspostkarten zu kaufen. Hier hörten wir zwei politische Neuigkeiten: dass Fürst Bismarck am 31. Juli gestorben sei und dass Amerika mit Spanien Friede geschlossen habe.

Noch am Vormittage desselben Tages dampften wir wieder ab; direkt auf Swakopmund zu.

[16] Seit Monrovia ist das Wetter echt schlecht geworden: der Südwestmonsun weht mit mittlerer Stärke, der Himmel ist stets bedeckt und die Luft ist unverständlich kühl. Als wir am 15. August

den Aequator passierten, sassen wir in Mäntel gehüllt auf dem Hinterdeck und tranken Grog. Statt der weissen Anzüge habe ich schon lange wieder Wolle angezogen; baden kann man auch nicht mehr, kurz nichts deutet darauf hin, dass wir noch in den Tropen sind: ein Vorgeschmack für den südlichen Winter im Schutzgebiet, dass wir übermorgen erreichen sollen.

—

Ich habe vorhin erwähnt, dass ich ohne jede Vorkenntnisse über Land und Leute hinausgehe, und auch so gut wie gar nichts mehr darüber habe lesen können.

An dieser Stelle will ich nun zusammenfassen, was ich während der vier Wochen der Reise von den Passagieren, die bereits draussen gewesen sind, erfahren und erfragt habe.

[17] Deutsch Südwest Afrika gehört geologisch zu dem grossen südafrikanischen Hochplateau, das, wenn ich nicht irre, als tertiärer Meeresboden aufgefasst wird. Von der Küste des atlantischen Oceans langsam bis zur Durchschnittshöhe von 1000–1200 m (Brockenspitze c. 1114 m) ansteigend reicht das Schutzgebiet etwa bis zur Wasserscheide; nur ein Zipfel an der nordöstlichen Ecke überschreitet dieselbe und erstreckt sich bis zum schiffbaren Teil des Zambesi, so die Verbindung mit dem indischen Ozean eröffnend. Tiefe Schluchten zerklüften den Westrand des Plateaus, einzelne Kuppen und kleine Gebirgsstöcke bis 2400 m Höhe überragen es; ein 50–70 km breiter Gürtel reiner Wüste zieht sich zwischen Gebirge und Strand hin, an diesem selbst hohe Wanderdünen aufwerfend. Von aufbauenden Gesteinen werden Kalkfelsen, Sandsteinzüge, Quarzlager, Granitklippen erwähnt, reiche Kupfer-, Silber- und Goldminen sollen allenthalben sich finden; heisse Quellen und Salzpfannen kommen vereinzelt vor.

[18] Soweit die Orographie. Die Hydrographie wäre hauptsächlich vom Klima abhängig, von den Niederschlägen. Diese

beschränken sich angeblich auf eine vierwöchentliche Regenzeit, die nur alle 4–6 Jahre reichlicher und länger andauert. Zu dieser Armut an eoelestischem Wasser kommt die grosse Porosität des Kalk- und Sandbodens, die weder Quellen noch perennierende Flussläufe in den praeformierten Schluchten entstehen lässt; nur Teiche und Tümpel halten sich hie und da das ganze Jahr über, offenbar dort, wo ein unterirdisches Riff einer undurchlässigen Bodenschicht sich dem Grundwasserabfluss entgegenstellt. Immerhin bringen abessinische Brunnen da, wo sie angelegt sind, genug Süsswasser zu Tage.

Unmittelbare Folge der Wasserarmut ist die mangelhafte Flora des Landes. Es geht zwar die Sage von grossen Waldungen, die von den Eingeborenen niedergebrannt seien; aber solche müssten um Jahrhunderte [19] zurückliegen. Jetzt giebt es nur Busch in den Schluchten und an den Tümpeln. Sonst hat das Land – soweit es nicht Wüste ist – durchaus den Charakter der subtropischen Steppe.

Eng damit zusammmen hängt die Fauna des Landes: sie ist ganz und gar Steppenfauna: von der grossen Elenantilope und dem Gnu bis zum zierlichen Springbock, dazwischen Leoparden, Hyänen, Schakale, daneben Stachelschweine, Schlangen, Fasanen, Hühner – ein Eldorado für Jäger. Büffel und Löwe sind sehr selten, jegliches Wassergetier fehlt. Für den Menschen sollen gefährlich sein, d. h. ihn ungereizt annehmen, nur eine Art in grossen Rudeln umherstreifender Wölfe; von Schlangenbissen sei auffallender Weise nichts bekannt.

Ehe ich nun zum „homo sapiens" übergehe, muss ich zwei Puncte berühren, die ich bisher übergangen und kaum wieder zu erwähnen habe.

Es giebt im äussersten Norden des [20] Schutzgebietes einen Strich Landes, der nicht in die vorstehende Schilderung

20

hineinpasst. Geologisch zum wasserreichen centralafrikanischen Plateau gehörig, von tropischem Urwald bestanden, von Elephanten, Rhinoceros, Giraffen usw. bevölkert, von den kriegerischen Ovambonegern bewohnt, ist er – ausser von einigen finnischen Missionaren – noch nicht von Weissen besiedelt, und deshalb ausser Betracht stehend.

Es ist der einzige Landesteil mit reinem Tropenklima. Sonst – und das ist der zweite Punct – bildet die Kolonie geradezu einen Gegensatz zu tropischen Gegenden: sie ist fast als ein Höhensanatorium zu betrachten. Ich habe mich in einem grossen Irrtum befunden, als ich glaubte, dorthin in warme Regionen zu gehen. Es ist im südlichen Winter kalt bis zu Nachtfrösten dort, und im Sommer nur gerade behaglich … ich werde arg frieren, und in meinem Wärmebedürfnis böse [21] enttäuscht sein. Andererseits soll die Luft ungemein rein und sehr trocken sein, so dass der Europäer ohne Schaden im Freien körperlich arbeiten kann. Infolgedessen gilt die Kolonie im Allgemeinen als gesund; nur vom Norden her ist Malaria als Endemie vorgedrungen, und bei Swakopmund soll Typhus ausgebrochen sein. – Auf dieses Thema des Klimas werde ich erst nach eigenen Erfahrungen zurückkehren.

Die farbigen Einwohner des Landes sind die Buschmänner und Hottentotten einerseits, Damarakaffern und Hereroneger andererseits; sie leben räumlich so durcheinander, dass ziemlich bei jeder Station alle Rassen vertreten sein sollen. Hottentotten und Herero stehen in Stämmen unter Häuptlingen, haben einen gewissen Reichtum in grossen Viehheerden und guten Büchsflinten und besitzen teilweise – durch Missionare – etwas christliche Bildung und Kenntniss des Lesens und Schreibens.

Buschmänner und Damaras stehen [22] weit tiefer und vegetieren als Viehhirten in Sklavenstellung oder leben als Jäger mit Bogen und Pfeil von der Hand in den Mund. Jede Rasse spricht ihre eigene schwierige Sprache; Verständigungsmittel für alle – und mit den Europäern – ist das Afrikanderholländisch. Dieses ist teilweise von Hottentotten eingeführt, die früher in der Capkolonie ansässig waren, teilweise aber von Boeren selbst, die ihre „Trekzüge" seit der Mitte des Jahrhunderts bis heute immer wieder in und durch unser Schutzgebiet unternommen haben, teilweise endlich von einem Stamm Mischlinge zwischen Boeren und Hottentotten, die unter der Bezeichnung „Bastards" besonders im Süden der Kolonie ansässig geworden sind. Die in die Augen fallenden Rassenunterschiede finden sich sehr niedlich in einem Kinderlied der Boeren verwertet (das ich Lt. Volkmann verdanke), und das so lautet: [23]

> Will mÿ kindje een buschmann hebbn?
> Nee, mama, nee:
> De bushman-taal[1] de kan ick niet,
> En ointjes[2] graven will ick niet.

> Will mÿ kindje een kaffer hebbn?
> Nee, mama, nee:
> De kaffer-taal de kan ik niet,
> En riemen dragen[3] will ik niet.

> Will mÿ kindje een Inglisch hebb'n?
> Nee, mama, nee:
> De inglische taal de kan ik niet,
> Genever[4] soep'n[4] dat will ik niet.

Will mÿ kindje een Hollansch hebb'n?
Nee, mama, nee:
De hollandsche taal de kan ik niet,
Verrot kaas eet[5] dat will ik niet.

[1] taal = Sprache [2] ointjes = Zwiebeln; eine wilde Zwiebel ist ein Hauptnahrungsmittel der Buschleute [3] bei den Hereros gilt ein schmaler Leibriemen schön [4] Genever trinken [5] verrotteten Käse essen. [24]

Will mÿ kindje een boerje hebbn?
Ja, mama, ja:
De boersche taal de kan ik goed,
De achter zjambok[6] de smak[7] so goed.

[6] zjambok ist die landesübliche Peitsche aus Nilpferdhaut, achter zjambok soll also in gewisser Selbstironie „Prügel auf die Hinterseite" bedeuten [7] smak = schmeckt.

Als Deutschland 1884 das Land annektierte, fanden sich also schon mannigfache Culturversuche im Lande vor, neben der Halbkultur der Vieh züchtenden Farbigen einzelne „Werften" (Farmen) von Boeren, kleine Stores englischer und nationsloser Händler, ja sogar oberirdische Minen. Dazu war durch Missionare, Jäger und einige Forscher das Territor in grossen Zügen erforscht. Aber Feindseligkeiten der farbigen Rassen unter sich, Raubzüge von Europäern, Viehseuchen, und angeblich auch Verschlimmerung der natürlichen Bewässerung aus unbekannten Ursachen haben das Land [25] zu grösster wirtschaftlicher Minderwertigkeit herabgedrückt. Die ersten zehn Jahre der deutschen Schutzherrschaft sollen nur die Bedeutung mannigfacher

Experimente haben, deren schlimmstes, (angeblich auf Caprivi zurückzuführen) die Verpachtung der grösseren Teile des ganzen Landes an englische Grosskapital-gesellschaften zur Ausbeutung der Bodenschätze gewesen ist. – Erst durch Errichtung einer ständigen Schutztruppe in Bataillonsstärke ist die Möglichkeit gegeben, durch allmähliche Pacificierung der Bevölkerung auch wirtschaftliche Pionierarbeit nutzbringend zu machen.

Die Kolonie ist nur nach zwei Richtungen hin zu erschliessen: in kleinerem Masse durch rationelle Viehzucht und vielleicht ab und zu durch Gartenbau (schon zur Deckung des Getreidebedarfs sei nicht genug humushaltige Fläche vorhanden); und in grösserem Masse durch Bergwerksbau, für dessen Aussichten die Erfolge in den geologisch [26] gleichgearteten südafrikanischen Nachbarländern sprechen. Beide Productionsarten erfordern vor allem billige Verkehrsmittel, die Viehzucht ausserdem Kleinkapital, der Bergbau Grosskapital und Menschenmaterial.

Also ist das Hauptbestreben der Landesverwaltung (neben der Pacificierung), die Kolonie dem Weltverkehr zu eröffnen, den landesüblichen Ochsenkarrentransport durch moderne Eisenbahnen zu ersetzen und in Ermangelung jedes Naturhafens einen künstlichen Molenhafen zu bauen.

Erst wenn dies gelingt, wird sich die Höhe des Wertes der Kolonie herausstellen. Noch ist sie gänzlich pecuniär vom Vaterland abhängig und die Paar Millionen Zolleinnahmen sind nur Sand in die Augen des Philisters, da sie auf eingeführten Lebensmitteln und Bedarfswaren liegen und nur dem weissen Consumenten zur Last fallen.

Von dem jetzigen Leben der Europäer in der Kolonie und speciell in der Schutztruppe hat man mir folgendes Bild entworfen: [27] Zwei Kompagnien der Schutztruppe stehen in Windhoek, eine im Norden, mit dem Hauptsitz in Outjo, eine im Süden mit dem

24

Hauptsitz in Keetmanshoop. Windhoek ist der grösste Platz, halbwegs wie eine europäische Garnison, mit viel Verkehr, Geselligkeit und Repräsentation. Im Norden ist wenig Besiedlung, viel Jagd, im Süden umgekehrt. Um Outjo herum herrscht Malaria, bei Keetmanshoop ist Typhus endemisch.

Wohin ich komme, werde ich erst an Land, wahrscheinlich erst in Windhoek erfahren.

Krieg – „orlog" – herrscht zur Zeit nirgends.

Der militärische Dienst wird von einem Oberstabsarzt und je einem Stabs- resp. Assistenzarzt für jede Compagnie wahrgenommen. Civilärzte, und zwar zwei Stabsärzte a. D. als Regierungsärzte leben in Windhoek und Swakopmund; ein dritter soll nach Otjimbingue wollen. Es giebt Lazarethe in Windhoek, Outjo und Keetmanshoop; das erste hat zwei Schwestern vom roten Kreuz. Der Sanitätsdienst ist im Wesentlichen derselbe, wie [28] daheim; vor allem ist das Schreibwerk nicht geringer. Im „Orlog" zieht der Arzt ohne rotes Kreuz (Genfer Convention gilt draussen nicht) mit, und tritt event. activ ins Gefecht.

Das Gehalt eines Oberarztes beträgt monatlich 500 M mit z. Z. 45 M Teuerungszulage. Da Dienstwohnung und Dienstpferde gestellt werden, so soll das Gehalt im wesentlichen für das leibliche Wohl, Essen, Trinken, Kleiden dienen; hinzu kommt Bedienung, Bücher, Instrumente und die tausenderlei Comfortbedürfnisse des Culturmenschen. Von Steuern und Zoll für Ausrüstungsgegenstände ist die Schutztruppe befreit: so klingt die Summe des Gehaltes ganz bedeutend. Aber fast kein Offizier kommt aus.

Ich stelle folgende Preise zusammen:

	Europa	Neu Guinea	S.W.afrika
1 Fl. Bier	0,30	1,00	2,50
1 Pfund Butter	1,—	1,50	2,50
1 Ctr Reis	?	11,50	60,—
1 Tin Früchte	?	1,10	3,—

u.s.w. mit Grazie in infinitum.

[29] Ursache davon ist: 1.) der Zoll, durchschnittlich 1 M pro 1 kg
2.) die hohen Transportkosten durch Ochsenkarren 3.) der Auf-
schlag der Storekeeper, die womöglich 100 % nehmen, um dann
nach 5–10 Jahren „für gut" heimgehen zu können ... Ich blicke etwas trübe in meine pekuniäre Zukunft. –
Noch kurz zu erwähnen sind die Verkehrsverhältnisse.
Alle zwei Monate, am 25. Sept., 25. Nov. usw. fährt ein Woer-
manndampfer ab Hamburg, der Packete (5 kg für 3,60) mitnimmt.
Briefpost geht besser, d. h. schneller alle Monat (oder alle vier Wochen) von Hamburg „via Southampton–Capetown"; Packete sind
hiermit nur 3 kg für 4,50 statthaft.
Adresse ist in jedem Fall vorläufig am praktischesten
    DrD. – Swakopmund
    Deutsch-Südwest-Afrika
mit dem Zusatz „via ..."
In Swakopmund wird dann sortiert u. expediert.
[30] Im Lande giebt es von Swakopmund eine kurze, im Bau be-
griffene (Feld-)bahn; sonst für Fracht und Packete nur den langsamen Ochsenkarren, für Briefe berittene Eingeborene. Offenbar etwas primitive Zustände. – –
Das ist so ziemlich Alles, was ich mir habe erzählen lassen. Die
vielen und vielseitigen Bemerkungen über einzelne Personen im
Lande gebe ich nicht wieder: schon jetzt habe ich den bestimmten
Eindruck, dass auch in diesem Schutzgebiet Kolonialklatsch,

Philisterei, Verläumdung und Vertuschung ebenso verbreitet sind, wie es von Ostafrika berichtet wird, und wie ich es von den schlimmsten Zeiten Neu Guineas kenne. –

Heute, Dienstag den 23. August, vier Wochen nach unserer Abfahrt, sind wir dicht vor Swakopmund angelangt. Bis zum Abgang der Post will ich noch kurz Tagebuchnotizen hinzufügen.

[31] Swakopmund, Donnerstag, 25. August 98.

Gestern früh ½ 8 ankerten wir vor S. Noch vom Nebel umwogt stellte der Strand eine lange Dünenkette dar, zum Verwechseln ähnlich dem Anblick der kurischen Nehrung. Als der Nebelschleier einmal riss, tauchte in Ost Nordost ein blauer Gebirgsstock empor.

Nach 11 Uhr, zur Zeit der Ebbe, wurden wir im grossen Waleboot durch die Brandung an Land befördert. Allenthalben tiefer weicher Sand, keine Wege, nur hier und dorthin Feldbahngeleise. An der Landungsstelle ein grosser Wellblechschuppen im Bau; um ihn ein Stacheldrahtgehege: der Zoll. Dicht in Lumpen gehüllte Hottentotten und Neger schleppen unser Gepäck hinauf. Die tief schwarzen Neger (Ovambos) gleichen ganz den Salomonsinsulanern (zu denen die Mörder Ehlers' und von Hagens gehören); die gelben verrunzelten Hottentotten ähneln, da ihr Wollhaar unter der desolaten Kopfbedeckung schwindet, alten Mongolen: das war der flüchtige Ersteindruck im Vorübergehen.

[32] Da wir gehört hatten, dass Bezirkshauptmann von Perbandt schwer krank darniederläge, und keine Meldungen annähme, so schritten wir durch tiefen Sand der Militärstation zu: einstöckige Holzbaracken mit Stallungen u.s.w. Einen sehr schlechten Eindruck machten die allenthalben im Sand liegenden leeren Bierflaschen und Conservenbüchsen, die sich am Eingang des Unteroffizierkasinos zu einem Gemüllhaufen angesammelt hatten; das

war in der Civilkolonie Neu Guinea nicht möglich gewesen; Rüdiger wie namentlich von Hagen hielten auf peinliche Sauberkeit. – Die Soldaten sahen gut aus, hielten auch militärisch stramme Haltung ein.

Der Districtfeldwebel eröffnete uns, dass die Verwaltung mit dem Hotelbesitzer Keetz über unser Unterkommen vereinbart habe; nähere Ordres lagen nicht vor.

Daraufhin bezogen wir unsere Quartiere. Ich habe das beste Zimmer erhalten: einen sechsfenstrigen Saal im ersten Stock des von der Siedlungs-Gesellschaft erbauten Hauses, das der Gastwirt in Miete hat. Ein zugehöriger Balkon eröffnet Aussicht aufs Meer und die [33] kaufmännische Niederlassung Swakopmund, die aus etwa einem Dutzend ein- oder zweistöckiger Häuser im Barackenstil besteht, deren fast jedes einen „Store" (Verkaufslager) und einige Wohnräume enthält; alle Anlagen über eine weite Sandwüste zerstreut, pfadlos, baumlos, grau in gelb: triste …

Um 1 ¼ war Mittag im „Club", der ein Hinterzimmer bei Keetz inne hat. Hier lernten wir kennen: Lt. Schultze, der die Eisenbahn baut, Dr. jur. Köhler, der v. Perbandt vertritt, und die Kaufleute Erhard, Wulf, Tietz u.s.w. Die Unterhaltung war ein krampfhaftes Bestreben Jener, uns die Vorzüge der Kolonie und speciell S.'s ins rechte Licht zu setzen, und unseren Beifall zu provociren. Aber wir schwiegen *affreux*; die dürre Einöde, der unverhehlte Schmutz da draussen und die Firniskultur der affectiert hohen Stehkragen und die Renommage des Secttrinkens hier drinnen erregten solch ein Missbehagen in uns, dass wir Mühe hatten, höflich zuzuhören. – Hier möchte ich nicht begraben sein!

[34] Nachmittags erledigte ich den Zoll; der Beamte, namens Köhler, war ein sehr zuvorkommender Mann; ich bezahlte nur für 200 Cigarren 4,– M, und für 24 Fl. Wein 6,50, für 1 Fl. Whisky 1,50; die ganze Ausrüstung war frei.

Abends gab es wieder eine Sectkneipe, wie bei Dampferankunft schliesslich natürlich; ich drückte mich schon um 9 Uhr.

Nachts war es ziemlich kalt unter zwei Decken, dazu wurde ich erbärmlich von Flöhen zerstochen. Heute früh kam der Dampfer „Leutwein" ein, der in einmonatlicher Tourneé die Verbindung mit Capetown aufrecht hält. Mit ihm kam Lt. Wettstein an, der ein 7monatliches Kommando in Capetown gehabt hat im Interesse der Grenzregulierung, die jetzt erfolgen soll. Er wusste als Neuigkeit nur zu erzählen, dass Spannung zwischen Russland und England telegraphisch gemeldet sei.

Übrigens, als wir gestern die Nachricht vom Tode Bismarcks mitbrachten, flaggte Alles Halbmast.

[35] Nachzuholen habe ich noch das Wiedersehen mit Ahrens, einem Kaufmann, der ein Jahr in Neu-Guinea mit mir zusammen war. Er hatte gekündigt, weil es ihm nicht gefiel; sein Nachfolger hatte das Glück, für den verstorbenen Kärnbach Stationschef von Berlinhafen mit guter Tantieme zu werden. Hier ist Ahrens Storekeeper hinter dem Ladentisch, mit gesellschaftlicher Stellung II. Klasse, also erst recht enttäuscht, und darauf aus wegzugehen: er sah gedrückt und leidend aus, ein richtiger Pechvogel.

Mittags. 1 Uhr.

Eben kommt die Nachricht, dass wir schon morgen ins Innere sollen: per Bahn, soweit sie fertig ist, d. h. bis Kilom. 63; dann zu Pferde in 5 Tagen 300 km; während unser Gepäck langsam per Ochsenkarren nachkommt.

So gern wir weggehen, diese Hetze ist unangenehm, die Ankunft ohne Gepäck in Windhoek, der „Residenz" peinlich.

(Anm. d. Hrsg.: hier endet der Brief.)

OD-1898-08-27-SWA-Postcards-06p

Khaan-revier, Bauspitze der Eisenbahn. 27.VIII.98.

L. E.!

Meinen langen Brief, den Ihr hoffentlich gleichzeitig „eingeschrieben" erhaltet, konnte ich gestern nicht abschliessen, da wir in der That schon früh morgens aufbrechen sollten. Packen, Abschiedsbesuche, letzter Schoppen Bier u. auf die Bahn. Lt. Schultze, der Leiter des Bahnbaues, gab uns das Geleite. 10 km Stat. Nonidas, 40 km Stat. Rössing, daselbst Imbiss; darnach in starkem Gefälle mit vielen Kurven abwärts ins „Khaan"thal – der natürlich nur in der Regenzeit einige Tage Wasser führt – Romantische Felsscenerie ohne jeglichen Pflanzenwuchs bei Abendsonnenbeleuchtung. – Endlich wieder steil (1:30) aufwärts bis km 62, der augenblicklichen Bauspitze. Daselbst übernachteten wir in geräumigem Materialschuppen in Decken resp. Schlafsack. Heute früh Nebel, kühl. Zwei Ochsenkarren, einer eines Boeren, der andere eines Engländers brechen steil ostwärts über das Wüstenplateau der „Namib" hin auf.

– Fortsetzung – (*Anm. d. Hrsg.: dritte Postkarte, zweite fehlt.*)
Kaffern-pontoks, wie Abbildg. auf der Ansichtskarte, mit Lagerfeuern rund umher, vor uns die Zelte der Bahnarbeiter. Eine Bretterbude als Kantine, ein Bahnwärterhaus – *c'est tout.* Wir essen noch hier um 12 mit den Arbeitern dieselbe Kost: Reis u. Rindfleisch; nachmittags geht es zu Pferde 45 km nach „Modderfontein", wo wir nachts eintreffen sollen.

Vielleicht kann ich von dort aus noch einige Zeilen mit dieser Post mitsenden; jedenfalls bitte ich, diese 3 Karten dem Wanderbrief beizulegen, Privatbrief an Euch erfolgt erst von Windhoek aus. Inzwischen viele herzliche Grüsse Euch Allen.

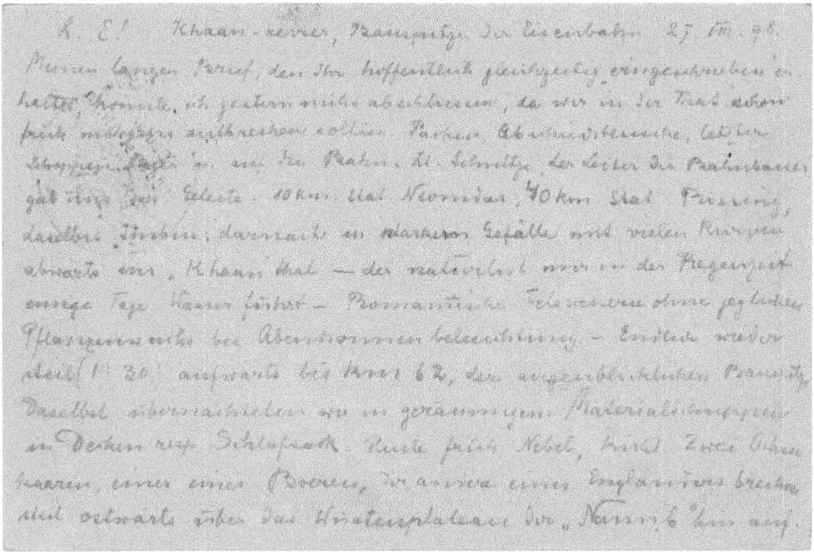

Abb. 1: Postkarte vom 27.08.1898 Nr.1 (Rückseite)

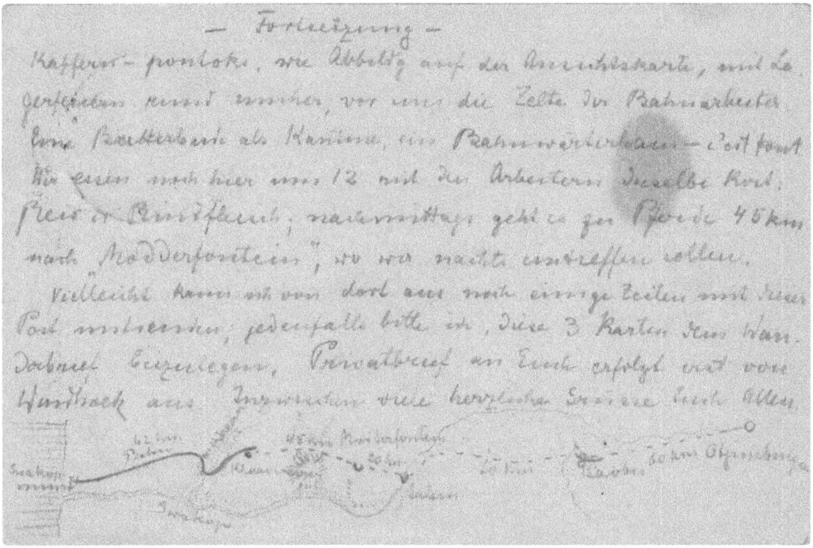

Abb. 2: Postkarte vom 27.08.1898 Nr.3 (Rückseite)

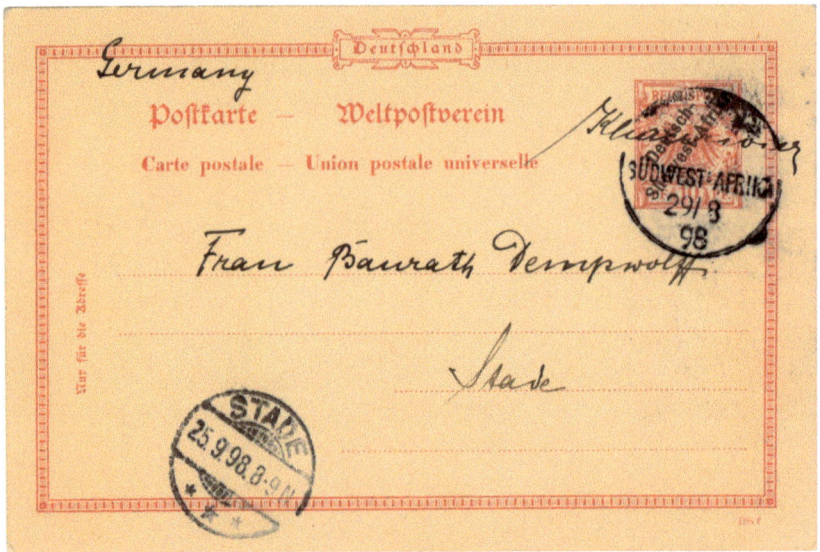

Abb. 3: Postkarte vom 27.08.1898 Nr.1 (Vorderseite)

Abb. 4: Postkarte vom 27.08.1898 Nr.3 (Vorderseite)

OD-1898-11-04-SWA-Letter-12p

Windhoek, den 4. November 1898.

Liebe Eltern!
Vor mir liegen Vaters liebe Briefe vom 3., 11. und 24. August und vom 19. September, sowie die Postkarten vom 13. und 25. August, und vom 22. und 24. September. Die in diesen Briefen einge-schlossenen Schreiben und Karten an v. Krudy, von Schwester Auguste, Haesner, Diack-New Guinea, Pietziker, Esser, Capt. Reuter und Missionar Bergmann sind selbstverständlich mitange-kommen. Auch die von Vater im August abgesandten Drucksa-chen habe ich sämmtlich erhalten, während die im September ab-gegangenen Drucksachen und Packete erst in den nächsten Tagen eintreffen werden, da sie nicht wie die Briefpost mit Eilboten, son-dern per Ochse von der [2] Küste heraufbefördert werden.
Für alle diese Sendungen, für Vaters liebevoll ausführliche Be-richte und Mutters fleissige Güte meinen herzlichsten Dank!
Ehe ich zur Beantwortung dieser Briefe schreite, muss ich zu-nächst Vatern zu der ehrenden Auszeichnung des Adlerordens IV. Kl. gratulieren. Dass S.M. gerade während des Kaisermanö-vers in Hannover geruht hat, diese Decoration einem des Welfen-tums früher verdächtigen Beamten zu gewähren, betrachte ich als eine Art Genugthuung gegenüber den in den Personalacten depo-nierten Intriguen Natus'. Nun wünschte ich nur, die mühevolle Thätigkeit Vaters in Decernat $F_1 + F_2$ würde mit dem zugehörigen Titel belohnt, ehe er in Pension geht. Hoffen wir so! –
Ich habe seit meinem langen Wanderbrief [3] von Swakopmund Ende August nur einige Postkarten an Euch und Andere geschrie-ben, und werde auch wohl heute nicht zu dem zweiten geplanten Bericht kommen. So genüge Euch heute die Versicherung, dass es mir in jeder Weise gut geht, dass ich gesund bin, dass ich gern

Militärarzt bin, und mich auch in die afrikanischen Verhältnisse ziemlich eingelebt habe. Morgen trete ich eine sechswöchentliche Reise nach dem östlichen Teil des Schutzgebietes – Gobabis, Epukiro, Aminuis – an, um daselbst die Sanitätsverhältnisse zu revidieren (es ist bisher kein Arzt dort stationiert) und die Capitulanten zu untersuchen. Zu Weihnachten werde ich wohl in Windhoek zurück sein. –

Und nun zur Beantwortung von Vaters Briefen.

[4] Überfracht habe ich nicht zahlen brauchen, weil ich 2 Blechkoffer mit in die Cabine nehmen konnte.

Was die Postverbindung betrifft, so steht es hierzulande folgendermassen:

Die Woermannlinie sendet alle Monat einen Dampfer. Dieser direkte Verkehr ist der beste für Postpackete, weil er 5 kg für 3,50 M. befördert, und für Frachtstücke, die, je grösser, desto relativ billiger durch den Spediteur L. F. Mathies in Hamburg besorgt werden. Für Briefpost ist diese direkte Linie einige Tage langsamer und hat auch keinen sofortigen Anschluss nach dem Inneren des Schutzgebietes. Vielmehr hat die allwöchentliche englische Post „via Southampton" nach Capetown alle vier Wochen (nicht alle Monat) Anschluss nach Swakopmund, und von hier aus sofort Anschluss ins Innere per Eilkarre. Grund hierfür ist die grössere Regelmässigkeit und Sicherheit der englischen Schnelldampfer. Praktisch jedoch ist der Unterschied der Beförderung höchstens 10–14 Tage – und so lange wartet man in [5] der Kolonie gerne. Am bequemsten für Euch ist also jedenfalls, alle Monat am 24. meine ganze Post, Briefe, Drucksachen und Packete aufzugeben, und zu adressieren Dr. D. Windhoek – Deutsch Süd Westafrika – mit deutschem Dampfer (Woermannlinie). –

Das Ihr, resp. die Verwandten sich je eine Photographie behalten haben, war meine Absicht gewesen; es freut mich, dass sie Euch gefallen. Die Verteilung werde ich nun selbst vornehmen können, da Ihr mir nun alle Bilder geschickt habt – so glaube ich es auch mit Euch verabredet zu haben. Jedenfalls ist es mir so am liebsten. Die Kolonialzeitung gelangt direkt an mich, da ich Mitglied der Kolonial-Gesellschaft geblieben bin, und meinen Adressenwechsel angezeigt habe.

An Ella habe ich von Madeira und von Monrovia Ansichtskarten geschickt, es betrübt mich, dass diese nicht angekommen sind. Aber es wird vielfach geklagt, [6] dass infolge der Sammelwut Ansichtskarten unterschlagen werden. So werden hier Karten mit Unterschriften Leutweins, Wissmanns, Hendrik Witboois meist eingeschrieben (also für 30 Pf. frankiert), um der Ablieferung einigermassen sicher zu sein. –

Die Zuchtschafe aus Husum sind wohl in Swakopmund gelandet – was aber ferner aus ihnen geworden, weiss ich nicht.

Das Kochbuch der Davidis schickt mir lieber in toto und nicht im Auszug. Denn was wir hier für Fleisch u. Gemüse haben, ist meist Conserven, wechselt sonst mit Jahreszeit und Aufenthaltsort – worüber gelegentlich im grossen Brief mehr. Mir ist es nur um allgemeine Kochprinzipien zu thun, wie lange Fleisch braten, womit Gemüse gewürzt werden, woraus Pudding gemacht sein muss.

So damit sind Vaters direkte Fragen beantwortet.

[7] Auf die vielen, mir sehr interessanten Einzelheiten in Vaters Briefen eingehen, würde nur Wiederholungen und müssige Phrasen bedeuten. Ich verzichte, wie schon früher von Neu Guinea aus, auf dergleichen.

Nur weniges Geschäftliche habe ich spontan darzulegen.

Meine Restschuld an den Instrumenten-fabrikanten Détert habe ich eingesandt, sodass Vaters, bis zum Januar 99 reichende Bürgschaft dadurch annulliert wird. Ebenso habe ich meine Verpflichtungen an meinen Buchhändler Pietziker, an die Frankonia, an die

Kolonialgesellschaft (Jahresbeitrag) völlig gedeckt, so dass ich keinerlei „Schulden" besitze, sondern nur noch unbezahlte Rechnungen, weil ich die bestellten Waaren noch [8] nicht empfangen, an v. Tippelskirch, Lautenschläger und Zeiss, im Gesamtbetrag von rund 300 M. – Das verbürgt Euch die in Aussicht gestellte prompte Zinszahlung ab Januar 99. Ich bin froh, mich trotz hiesiger Theuerung und daraus erwachsenden, allgemein anerkannten pekuniären Schwierigkeiten so haben arrangieren zu können. Es wird euch bei Eueren Besorgnissen über meine leichte Auffassung des Geldpuncts auch angenehm berühren. Ihr mögt Euch auch immer gegenwärtig halten, dass ich als Sanitätsofficier im Falle der Dienstuntauglichkeit pensionsberechtigt bin. –

Es war eine mir von der auch sonst hier verrufenen Firma [9] v. Tippelskirch fälschlich eingeredete Annahme, dass wir die sogenannte „Heimats"uniform hier nicht tragen dürften. Sie ist durchaus üblich als Gesellschaftsanzug. Ich bitte daher, sie mir einzusenden.

Ich bin noch in zweiter Beziehung falsch beraten worden, insofern, als hier alle Art alter Kleider, Uniform wie Civil, Winter-, Sommer- und Tropentrachten, Plätthemden und Singlets in gleicher Weise verwertbar, begehrt, notwendig sind. Wie das kommt, aus klimatischen Gründen (wir schwanken von -10 ° bis +32 °C, oft in 24 ^{h} von -3 ° bis +28 °C) und aus ethnologischen Verhältnissen (alle Farbigen tragen abgelegte Europäerkleidung); – [10] das setze ich später auseinander.

Also, habt Ihr noch alte Sachen von mir, so schickt alles: Heimatsuniform, weisse Anzüge, Plätthemden, Civil, – was da ist, nur derb, nur nicht Lumpen, denn schonen, nähen, flicken kann oder thut Niemand. Davon ein andernmal.

Wie Ihr diese Sachen schickt, richtet sich nach dem Gewicht. Nur die Heimatsuniform würde 1–2 Postkolli bilden. Packete von 50 Pfund und mehr besorgt wohl besser der Spediteur.

[11] Entschliesst Ihr Euch zu letzterem Modus – per Fracht zu schicken – so wäre mir sehr lieb, und ich bäte darum, hinzuzufügen: zwei Kameelhaardecken Ia Qualität (à 20,– M), ½ Dtz. Plätthemden (Halsweite 41, mit Manchetten, Halsschluss hinten) 2 Dtz. Kragen (Halsweite 42, Ecken umgeknickt, Höhe 4-5 cm, ja, ja, so trägt man sie hier zur Uniform, sogar bunt!), 2–3 Paar halbhohe (bis halbwadenhohe) Gamaschen, naturfarbenes, also gelbes Leder, mit Doppelsohlen und Patentschnüren, – aber das wird alles schon viel zu viel. Nur: hier ist alles so teuer; jeder Handwerker verlangt mindestens 20–40 M Reinverdienst pro Tag; und er kriegt's; man reisst sich nach ihm. Ach, die Chinesen in [12] Ostasien, was arbeiten die fleissig und billig!

Wer viel in jungen Jahren in der Welt herumkommt, wie ich, lernt vergleichen, und — resignieren …

Eh bien! Zum Schluss noch etwas Fröhliches: Frohe Weihnachten und glückliches Neujahr von ganzem Herzen!

In dankbarer Liebe
Euer Otto.

OD-1898-11-08-SWA-Diary-49p

(Anm. d. Hrsg.: Seite 1–30 fehlen, Seite 31–49 liegen gebunden vor. Vermutlich nach dem 1. August 1899 geschrieben, siehe Seite [35].)

[31] Farm hauste ein Engländer, Mr. Buff, dessen junge Frau mit einem toten Kinde niederkam und darnach an Wochenbettfieber schwer darniederlag, aber schliesslich ganz genas. Als ich zum ersten Male hinausgerufen wurde, war es eine dunkle Neumondnacht; die Wege waren mir unbekannt und ich musste auf fremden Pferde meinem Führer über Stock und Stein folgen, so dass ich mich wunderte, dass ich mit heilen Knochen ankam. Erst später lernte ich die Tugenden unserer afrikanischen Pferde schätzen, die einen einmal gemachten Weg nie vergessen und oft eine alte verwischte Wagenspur durch die Steppe im gleichmässigen Trabe verfolgen, ohne sich zu verirren.

Der andere Ritt galt der Farm „Hohewarte" eines Herrn von Brockdorff, dessen Frau an heftigen Magenbeschwerden sehr heruntergekommen war. Er ist Hannoveraner und kannte die Familie des Sanitätsrats Dempwolff in Harburg, so dass es auch dort [32] wieder Beziehungen gab. Die Familie ist übrigens, wenn ich richtig orientiert bin, endgültig wieder nach Deutschland übergesiedelt.

Zu diesen grösseren Touren kamen noch eine Reihe kleinerer, von 1 bis 1 ½ Reitstunden, bis ich die Umgebung Windhoeks einigermassen kennengelernt hatte.

Es ist sicherlich der beste Ort im ganzen Lande, den der damalige Landeshauptmann von François zur zukünftigen Hauptstadt wählte. Politisch ein vielumkämpfter Grenzposten zwischen Damara- und Namaland, wirtschaftlich einer der besten Weide- und Wasserplätze des ganzen Schutzgebietes, hat es nur einen

38

Nachteil, 390 km von der Küste entfernt zu liegen, und dieser verschwindet sowie Bahn und Telegraf vollendet sind.

Landschaftlich hat Windhoek den Vorrang vor allen anderen Hauptstationen der Kolonie: in dem ziemlich reizlosen, einförmigen [33] Steppenlande eine kleine Oase, würde die „romantische" Scenerie auch in anderen Ländern Anerkennung finden.

Von den über 2000 m hohen, gänzlich baumlos kahlen Auasbergen dehnen sich nach Westen zwei hügelige Hochplateaus von je 100 km Durchmesser aus: der „groode Döden" und die „Khomashoogte". Zwischen beiden zieht sich die Thalebene hin, die in breiten und schmalen Seitenthälern das nördliche Gebiet der Auasberge zur Regenzeit entwässert. Kleine Hügelzüge und einzelne hohe Berge lagern mitten in diesem Thalsystem. Auf einem solchen Hügel entspringen heisse Quellen, die das ganze Jahr über sprudeln, und zaubern, soweit ihr Wasser reicht, eine immergrüne Pflanzendecke hervor. Hierher ist Gross-Windhoek gebaut, terrassenartig an den Hügel angelehnt, im Angesicht eines einsamen Bergkegels, des „Kaiser Wilhelmberges", durch einen [34] Höhenzug getrennt von dem ähnlich am Hügelhang angelegten Klein-Windhoek, in dem kalte Quellen und Schwemmland Gartenkultur ermöglichen.

Allmählich kam ich auch mit meiner Wirtschaft in Ordnung. Nachdem der Gouverneur mit dem grössten Teil der Besatzung nach dem Süden gerückt war (am 17.9.98), bezog ich die leer gewordene Wohnung des Hauptmanns von Heydebreck, zwei Zimmer mit Veranda in einem 94 errichteten Gebäude, das ursprünglich als Lazarett gedient hat. Schon vorher hatte ich als farbigen Diener einen Jungen aus den kriegsgefangenen Zwartboihottentotten zugewiesen bekommen. Dieses kleine Ekel, Jonathan mit Namen, verstand noch kein Wort Deutsch oder Holländisch, war furchtbar dumm, und wurde nach vier Wochen mit Schande entlassen, als er das seiner Aufsicht anvertraute Pferd in schlechte Weide geführt hatte. Der arme Gaul ist dann an Kolik eingegangen. Es war mein erstes Chargenpferd, hiess Hebron und passte mit seiner knochigen Flamländerfigur, seinem ruhigen Trab und seinem phlegmatischen [35] Temperament ausserordentlich gut zum „Doktorgaul". Mein zweites Tier, das ich darnach erhielt, war der Blauschimmel „Vogel", dem man das ehrwürdige Alter von 12–13 Jahren nachsagte. Er hatte einen abscheulichen Trab an sich, sonst war er das Ideal eines Afrikanerpferdes: von einer eisernen Ausdauer, der unter jeder Belastung auch bei schlechtem Futter täglich seine 60–80, und, wenn es darauf ankam, auch 100 km lief und der, zum Grasen losgelassen, sich nie weit vom Reiter entfernte, sondern sich wie ein Hündchen fangen liess. Während meiner Ostreise bekam ich ein ebenso braves Tier in meiner braunen Stute „Paula" hinzu, die mich auch bis zuletzt getragen hat. Dagegen habe ich das dritte, mir zustehende Dienstpferd, dass der Junge zu reiten pflegte, öfter gewechselt. Von einem oder dem anderen dieser Tiere wird noch die Rede sein.

Auch meine Diener will ich kurz vorführen. Bis zum 1. August 99 hatte ich einen Bergdamara Alfred, einen Bengel von abschreckender Paviansähnlichkeit, der etwas holländisch radebrechte. Er war eine [36] „Perle" auf der Reise, wo er einfach alles besorgte: die Pferde sattelte, bewachte, einfing, das Essen kochte, dazu stets frisches Wild, und sei es auch nur ein Perlhuhn schoss, das Nachtlager aufschlug, bei den Eingeborenen dolmetschte und, wenigstens in der Umgebung Windhoeks, jeden Weg und Steg kannte. Aber im Hause war er faul, schmutzig und an europäische Ordnungsbegriffe nicht zu gewöhnen. Als ich ihn einmal gar betappte, dass er in meiner Badewanne lag, da schmiss ich ihn endgültig heraus. – Der Nachfolger war ein Bastard, Jakobus Friess, sprach perfekt deutsch, kleidete sich völlig europäisch und war in

40

der Wohnung, wenigstens für koloniale Ansprüche, musterhaft. Auf der Reise ging es manchmal weniger gut; er schoss miserabel, wusste oft weniger, ob wir auf dem rechten Weg waren, als ich, und hatte manchmal Schwierigkeiten mit den Pferden. Trotzdem habe ich ihn bis zuletzt behalten.

Da ich im Kasino speiste, so hatte ich für andere Zwecke nur noch eine Wäscherin nötig. Das war eine alte Hottentottin, die in der Mission Reinlichkeit erlernt hatte, und aus diesem Waschgewerbe die relativ hohe Monatseinnahme von 50–60 M (von 3 Herren) bezog. [37] Mittlerweile – Anfang Oktober – war endlich auch mein Gepäck heraufgekommen, und um dieselbe Zeit per Post auch meine Heimatuniform. Doch brauchte ich immer noch sowohl Nachbestellungen, als auch Neuanschaffungen im Lande, da die von der Firma Tippelskirch mitgegebene Ausrüstung nicht im mindesten genügte. Und die Einkäufe im Schutzgebiet sind teuer – doch ich will keine Jeremiade über vergangene Unannehmlichkeiten anstimmen.

Obwohl die Besatzung Windhoeks grösstenteils nach dem Süden abzog, so gab es doch von Anfang an genug Abwechslung. In den ersten Tagen des September machte ich die wenigen Pflichtbesuche in Officiers- und Beamtenkreisen ab, ausser bei der Familie des Oberstabsarztes noch bei der des Finanzkommissars Pahl und des Baumeisters Ludwig. In Kaufmannskreisen habe ich grundsätzlich nicht verkehrt, vor allem, weil mir jede „Familiensimpelei", zumal in Afrika, unbequem ist. Unter den Junggesellen waren „Besuche" nicht üblich, wie denn überhaupt im Kasino ein ungezwungener Ton und ein sehr kameradschaftliches Leben herrschte.

[38] Am 8. September – als noch Alles in W'hk war – fand eine grosse Trauerfeierlichkeit zu Ehren Bismarcks statt, dessen Todesnachricht erst gleichzeitig mit uns eingetroffen war. Der Hauptakt

bestand aus einem Gottesdienst in der evangelischen Kirche, einem kleinen Saal, der kaum 100 Menschen fasste.

Drei Tage später gestaltete sich der Abschied des Regierungsrats von Lindequist zu einem kleinen Volksfest. Dieser Herr war seit 4 Jahren juristischer Beistand bezw. Vertreter des Gouverneurs gewesen und hatte eine ungeteilte Liebe bei der weissen Bevölkerung sich erworben. Als er damals auf dem grünen Platze vor der Ehlers'schen Kneipe weggetrunken wurde, ahnte Niemand, dass er für immer ging; principielle Differenzen mit der Kolonialleitung haben angeblich seinen Austritt aus dem Reichsdienst herbeigeführt: er ist jetzt Landrat auf Rügen. –

Gerade in den Tagen, als die Truppe nach dem Süden abzog, legte ich mich mit leichtem Malariafieber nieder; vermutlich war dieser Anfall noch eine Nachwirkung von Neu-Guinea, da meine Reisegefährten davon verschont geblieben sind.

[39] Der erste Oktober 98 brachte ein grösseres Kasinofest, zu dem ausser den zugehörigen Familien auch meine Reisegefährten, Boysens, eingeladen waren. Solche „Damentage" fanden bei der Mehrzahl der Junggesellen nur widerwillige Genehmigung, und sind zuletzt immer seltener geworden, obwohl die Zahl der Familien zugenommen hat. Man erstrebt eben heimatliche Verhältnisse, wo ein oder zwei jährliche Kasinofeste genügen, um gesellschaftliche Verpflichtungen zu erfüllen.

Im Anschluss an dieses Fest gab es am nächsten Tage einen Massenausflug nach Klein-W'hk. Dort hat ein Ansiedler, Ludwig, auf einem der besten Aussichtspunkte ein Restaurant errichtet, und es verstanden, es allen Kreisen der jungen Kolonie gemütlich zu machen: grosser Garten, Kegelbahn, Tanzsaal, Kühlkeller, lampiongeschmückte Veranda, Badeanlagen – was will man mehr? Der Mann macht auch gute Geschäfte.

Inzwischen war mein Chef, Oberstabsarzt Lübbert, auf Dienstreisen gegangen und ich vertrat als einziger weit und breit die edle „Heilkunst". Ein Impftermin war der Beginn meiner Selbständigkeit, [40] ein ander mal hatte ich als „Sachverständiger" in einer Volksversammlung zu wirken, in der eine neue Bauordnung besprochen wurde, die – unerhört für Afrika! – Latrinen auch für Farbige forderte. Es ist denn auch trotz aller hygienischen Einwände beim Alten geblieben, dass die liebe Tropensonne und hungrige Hunde für die Abfallbeseitigung sorgen müssen.

Mit viel Arbeit und Praxis ging der Oktober hin. Ein Paar kleine Gästetage im Kasino, ein grösseres Picknick in einem Nebenthal und andere Scherze sorgten für das notwendige Amusement. Die Nachrichten aus dem Süden lauteten immer friedlicher, die Tage nahmen zu und wurden heisser, endlich, am 30.10.98 kam mein Chef von seiner Dienstreise zurück, und damit ging meine Freude an. Denn nun sollte ich auf Reisen gehen, und zwar nach den Stationen im Osten des Schutzgebietes, wo seit zwei Jahren kein Arzt mehr gewesen war.

Diese meine erste „Ostreise" will ich an Hand meines Tagebuches wiedergeben:

[41] Windhoek 4.11.98.

Die neue, eigentlich für das Postamt erbaute Karre, zweiräderig, mit Plan, Vorkiste, Wasserfässern und allem Zubehör, ist mit 10 Ochsen bespannt. Treiber ist ein jung aussehender Bastard Timotheus (Bruder meines späteren Dieners Jakobus), der gut deutsch versteht und afrikanderholländisch spricht; die beiden anderen zugehörigen Eingeborenen („Tanleiter" und „Ossewachter" habe ich noch nicht kennengelernt.

Feldwebel Goger, der mit nach Gobabis zurückgeht, hat es übernommen, die Karre bis nach Seeis zu bringen, wo ich wieder mit ihr zusammen treffen will.

Ich habe mitgenommen: im Blechkoffer N.º 1 Wäsche, in N. 2 Konserven, in N. 3 Getränke und in N. 4 meine ärztliche Reiseausrüstung an Instrumenten, Arzneimitteln u.s.w. Ferner ist in der Vorkiste mein Mikroskop, ein Schlafsack, eine Kamelhaardecke und ein Poncho untergebracht, und in der Karre befindet sich eine Feldmenage, ein Gewehr 88 und der „gefasste" Proviant für 6 Mann auf 12 Tage: Kaffe, Thee, Zucker, Reis, Nudeln, Mehl, Erbswurst, Büchsenfleisch u.s.w.

Zu Pferd führe ich in zwei Packtaschen, die am Sattel des „Bambusen" befestigt sind, etwas Wäsche, Verbandszeug und Notproviant, sowie ausserdem eine Feldflasche und einen Armeerevolver mit.

[42] Feldwebel Goger hat nur eine kleine Kiste und eine Decke mit, da seine anderen Sachen noch in Gobabis sind; er soll in Seeis Pferd und Sattel erhalten. Er gilt als guter Schütze, und im Osten ist angeblich viel Jagd.

Um 10 Uhr vormittags zog die Karre los.

Um 11 Uhr meldete ich mich bei meinem Vorgesetzten ab, blieb aber noch tags über hier, um einige Korrespondenz zu erledigen.

— —

Hohewarte, 5.11.

Nachts um 2 Uhr, noch ehe der Wecker rasselte, war ich hoch. Der Mond stand im letzten Viertel über dem Horizont, ganz Windhoek schlief. Mein Junge holte die Pferde aus dem Kraal, sattelte sie, und 2^{20} ging es im Trabe los, vorbei an der „Feste", an der Artilleriekaserne, über dem Pass nach Klein Windhoek, und weiter bergauf, bergab. Um 4^{20} hatten wir bei Abrams Farm „Quaggabeen" die Karre eingeholt. Ich liess absatteln, und teilte mit dem aufgeschreckten Feldwebel einen Cognac. Es war empfindlich kalt, und dämmerte bereits im Osten. Als ich gegen 5 Uhr wieder aufsitzen wollte, lief der Braune „Witfoet" meines Bambusen weg; mein Blauschimmel Vogel aber ist ein altes braves Tier, das sich ruhig greifen liess. Ich mochte in der Morgenkühle nicht warten, [43] und ritt allein voraus. Grell ging die Sonne auf und bestrahlte die östlichen Abhänge der Auasberge, so dass sie wie versteinerte Brandung aussahen. – Nach einer Stunde war ich abgestiegen und führte meinen Gaul über die Klippen eines trockenen „Reviers" (= Flussbett), als auch der Junge auf schweisstriefendem Pferde hinter mir her war; – diese Farbigen hetzen, wenn sie unbeaufsichtigt sind, oder glauben, Anlass dazu zu haben, die Pferde im Galopp bis zum Auspumpen.

Gegen 8 Uhr kamen wir in Hohewarte an; es war schon merklich warm geworden. Unt.off. Peters, der Stationsälteste, liess guten Kaffee kochen, zu dem er Brot und Schmalz vom Fettschwanzschaf, das wie Gänseschmalz schmeckt, vorsetzte. Dann ging ich zum Hause von Brockdorffs hinüber, zu dessen kranker Frau ich am letzten Sontag, am 31.10. gerufen war, und lud mich bei ihm zu Mittag ein, was mit landesüblicher Gastfreundschaft aufgenommen wurde. Bis zum Mittagessen zog ich mich ins Fremdenzimmer zurück und schlief sehr erquickend, nur ab und zu durch den Sturm aufgestört, der um das Haus raste.

[44] Das ist meteorologisch interessant: die hauptsächlichen Luftbewegungen sind hier lokale, durch die Bodenerwärmung gegen Mittag bedingt, indem sie einen vertikalen Austausch warmer aufsteigender und kalter absteigender Luftschichten in Gestalt von Wirbelwinden und kilometerhohen Sandhosen bilden. –

Das Mittagessen bei Brockdorffs, durch ein kurzes Tischgebet eingeleitet, war so einfach, dass ich als selbstgeladener Gast mich freuen konnte, keine Umstände verursacht zu haben:

Hammelbraten und Dörrkartoffeln; hinterher Omelette mit Fruchtsauce. Getrunken wurde bei Tisch nichts, hinterher aber entkorkte v. B. eine „Roederer Carte blanche".

Am Essen nahm der deutsche Angestellte v. B's, ein Herr Schultz, teil, der früher Jahre lang in Australien gelebt hat, und jetzt hier zur Einführung der Schafzucht engagiert ist. Er entwickelte die Ansicht, das Land müsse von den faulen Farbigen befreit und nur von Europäern besiedelt werden, deren grössere Anzahl und Konkurrenz dann die weissen Arbeitskräfte verbilligen werde. In Australien besorge ein Weisser einen Ochsenwagen mit vier Tieren (hierzulande gehören zu einem Gespann von 14–20 Tieren drei Farbige), finge die Ochsen ein, spanne an, triebe und bewachte sie, wofür er unter Umständen nur einen Becher Mehl als Kost erhielte. –

[45] Um 3 Uhr noch eine Tasse Kaffe, und mit Dank und Händedruck verabschiedete ich mich von der gastfreien Familie.

Seeis, 6.11.

Da die Pferde gespannt geweidet hatten, so waren sie bald zur Stelle, und Punct 4 Uhr sassen wir im Sattel. Unt.off. Peters begleitete mich.

Durch die „Pforte" zwischen Bismarck-(W) und Rosen-(O) bergen ging es 3 Stunden lang nordöstlich nach Seeis hin, wo Lt. Graf von Stillfried mich empfing. Er ist hierher auf einige Wochen zu Messtischarbeiten hergeschickt, und benutzt die Zeit zur Erholung von einem heftigen Anfall von Gelbsucht, der ihn gezwungen hat, in Gibeon zurückzubleiben, als die Truppe nach Keetmanshoop zog. Nach gutem Abendessen mit Eiern, Brot und Bier legte ich mich recht müde ins Bett – zu zwölfstündigem Schlaf. „Bett" ist übrigens euphemistisch: ein rohes Holzgestell mit Segeltuch bespannt, ein Woylach darauf, den Sattel als Kopfkissen und eine Decke zum Zudecken.

Als ich heute früh zum Frühstück ging, war Stillfried schon von erfolgloser Jagd heimgekehrt. Es gab Kaffe, Zucker, Brot und Eier – fürstlich. Dann senkte sich träge Sontagsruhe und Tropenhitze über die Station.

[46] Erst übte ich noch etwas Praxis aus: dem Feldwebel einen Zahnnerv mit Carbol abtöten, einem Soldaten die mit Kalk verätzte Hand verbinden, dann habe auch ich mich mit Ruppius „Buschlerche" aus des Feldwebels Bücherei zur Lektüre unter meinen Mückenschleier zurückgezogen – nicht der Moskitos, sondern der vielen Fliegen wegen.

An dieser Stelle will ich die Gesundheitsverhältnisse von Hohewarte nachtragen. (Diese Notizen waren für den officiellen Reisebericht bestimmt. Wegen der häufigen Wiederholungen lasse ich sie später meist weg).

Polizeistation Hohewarte liegt cᵃ 1700 m über dem Meere, 45 km O.S.O. von Windhoek, 29 km WSW von Seeis; ehemalige Hererowerft Otjihaino, in Nama / Aub; der deutsche Name ist auf Antrag des Hrn. von Brockdorff nach seinem heimatlichen Gut gegeben. – 1 Unt.off., 2 Mann, 3 Pferde, 12–15 farbige Arbeiter, die für freie Kost ohne Lohn ein neues Stationsgebäude aus dort gebrannten Ziegeln aufführen, welches, im Juli begonnen, in 6 Wochen unter Dach sein soll. Selbstkosten einschliesslich Material (Holz, Wellblech usw. aus Europa) ca. 5000 M; – einem Ansiedler würde es c. 12000 M kosten. Das alte Gebäude aus ungebrannten Ziegeln leidet sehr unter Regen und Termiten. Trinkwasser in eingegrabener Mehltonne dicht unter der Station, [47] Tränke weiter unterhalb als offene Stelle, beides in dem das ganze Jahr rinnenden Revier, wo Gneisklippen, SW zu NO mit 30° Neigung streichend, zu Tage treten. Trinkwasser klar, von leicht sandigem, nicht salzigem

Beigeschmack. Tränke ungetrübt, enthält Schwimmkäfer und Insektenlarven.

Im Policeibezirk 42 Europäer (meist Boeren) mit 19 weissen Frauen und 50 Kindern. Weide gut, Jagd gut, liefert der Station monatlich etwa zweimal frisches Fleisch. Milch nicht zu haben. Butter zu 1,50 M pro Pfund von Newman im Scaaprevier, 2 Reitstunden weit. Gemüse bisher nicht zu haben, doch legen die Boeren neuerdings Gärten an.

Wechselfieber befällt nicht alle; Anfälle leicht, von tertianem Typus. Sonst keine Krankheiten. –

Seeis, 7.11.

Gestern um 4 Uhr liess ich satteln und ritt in Begleitung des Gefreiten Böhm zum Pferdeposten – 50 Minuten – hinüber. Dort sitzt Unt.off. Gendies, dem ich neulich in W'hk eine Schädelwunde verbunden habe – er war vom Gaul gestürzt – mit zwei Mann in einem zweizimmerigen Haus auf einer Anhöhe. Wände aus ungebrannten Backsteinen mit offenen Schiessscharten, also stets zugig. Dach aus Wellblech. [48] Hier stehen 80 Pferde, davon 32 Argentinier.

Vom Pferdeposten ritt ich allein zum Ansiedler Thalheim querfeldein, kam aber durch buschiges Gelände mit derart von Erdmännchen (einer Wieselart) untergrabenen Boden, dass ich zeitweise das Pferd führen musste. Thalheim hatte mich vor 14 Tagen in W'hk wegen eines Ausschlages an seinem drei Monate alten Töchterchen konsultiert. Jetzt fand ich die Familie gesund vor. Ich nahm Kaffe, Milch und frischen Sontagskuchen an und hatte den Eindruck von einem deutschen Bauernhof. Nach Sonnenuntergang kam ich wieder hier an.

Heute morgen wurden die Ochsen vor die Karre gespannt und zogen um 7 Uhr los.; drei Schlachtochsen mit einem Herero als Treiber schlossen sich an, sie sind für Gobabis bestimmt. Ich selbst bin noch hiergeblieben und suche mich aus den Karten (Langhans und François) und aus Unterhaltungen über den Ostbezirk zu informieren, kann aber kein klares Bild gewinnen, sondern nur etwas negatives konstatieren, dass die Karten sehr unzuverlässig sind. Epukiro steht garnicht darauf, – also auch keine Wege dorthin. Otjihainena ist dicht bei Witvley, statt dicht bei Seeis gezeichnet; der bei Langhans eingetragene Weg von Seeis direkt ostwärts nach Witvley (60 km) existiert garnicht, [49] vielmehr muss man 80 km in nördlichem Bogen herum u.s.w.

Dagegen erzählte Unt.off. Peters manche Episode aus dem „Orlog" (= Krieg), wie bei Gobabis am 5.4.96 Lt. Lampe mit 5 Mann eine Todesattaque geritten sei, um den auf 30 Mann geschmolzenen Detachement von Estorff Luft gegen 200 verschanzte Farbige zu machen, wie bei Otjunde am 6.5.96 unter Leutwein das Pferd weggeschossen sei u.s.w.

Wasserstelle Otjivero 8.11.98
(*Anm. d. Hrsg.: hier endet das Tagebuch.*)

OD-1898-12-16-SWA-Diary-30p

(Anm. d. Hrsg.: Das originäre Schriftstück liegt in deutscher Schrift vor. Die Übertragung vieler schwer lesbarer Passagen in die lateinische Schrift sowie das gesamte Lektorat dieses Schriftstückes erfolgte durch Frau Barbara Sommerschuh, Sütterlinstube Hamburg e. V., www.suetterlinstube.de. Nur einige Satzeichen wurden vom Herausgeber zur Verbesserung der Lesbarkeit nach dem Lektorat ergänzt.)

Station Lehmwasser 29.11.98.

Vor einer Woche, am 22. brach ich in Begleitung des Gefr. Rewers Rennert, eines Ostfriesen aus Noorden, und meines Bambusen Alfred mit 3 Pferden – Witfoet hatte ich als "moech" in Gobabis gelassen – ohne Karre nach Oas auf.

½ ʰ Buschsavanne, 1 ʰ lichte Steppe, ½ ʰ Stunde durch ein Milchbuschwäldchen, das norddeutschen Eindruck machte, nach Kuikus, wo an einer weiten Wasserstelle drei Farmer sich angesiedelt haben. Schroeder, Wieland (dem ich bei Ovatera begegnet war) und als sein Kompagnon der ehemalige Feldwebel Rohloff. Bei diesem kehrten wir ein und wurden „fürstlich" mit Bockiebraten, neuen Kartoffeln u. frischem Milchkaffe nebst Rosinenkuchen bewirtet.

R. erschien in rein weißem Anzug, hatte einige Weiber u Knaben zur Bedienung und lebte anscheinend ein behagliches Dasein, das zwischen Jagd u Nichtsthun wechselt. Er hat 96–98 Fracht gefahren, derweil sein Kompagnon hier Haus gehalten hat. Übrigens ist R. Ostpreuße u ursprünglich Kaufmann gewesen, weshalb ich auch den Verdacht schöpfte, [2] daß er mich beim Straußenfederhandel (à 3 M!) übervorteilen wollte, u. ich deshalb den Kauf nicht abschloß, sondern R. nach W'hk bestellte. Er erzählte nämlich u. a., daß er unserem gemeinsamen Landsmann Passarge – früher Kamerun, jetzt im Dienst der Chartered Compagnie, drüben an

50

Ngamisee einen Reitochsen für 15 Lb = 300 M angedeichselt habe, für den er selbst 1 Lb = 20 M gegeben. Mir ist dieses ganze „freie" Gewerbe der Storekeeper, Dutchenkrämer (Tütchen u. Ditchen), Budiker u.s.w. tief zu wider, denn sie verdienen nur dh tägliches Bemogeln, Übervorteilen im Kleinen, ihren einzelnen Mitmenschen, während der Kapitalist, Banquier, Kommissionär wenigstens meist politische u. and. Konjunkturen ausnutzt, also einen großartigen Zug hat. –

Von Kuikus ritten wir nachmittags 3 Uhr weg u. kamen über zwei wasserhaltige Pfannen – deren eine Gazellenpfanne heißen soll – mit Dunkelwerden nach Oas. Heldts kleiner Foxterrier aus v. Lindequist's Fox, 4 Monate alt, war mir nachgelaufen, [3] hatte aber 2 ^{h} vor Oas schlapp gemacht u wurde von uns abwechselnd aufs Pferd genommen.

Oas machte auf mich einen sehr günstigen sauberen Eindruck. Die hygienischen Notizen habe ich noch im kleinen Buch aufgezeichnet.

Ich schlief in des Unt.off. Zimmer allein; litt etwas unter den Flöhen Mans', des Terriers, der ins Bett gekrochen war, u wurde am Morgen dh Schwalbengezwitscher erweckt: ein Paarchen hat sich seit 2 Jahren im Zimmer des U.off. ein Nest gebaut.

Mittwoch, 23.11. ritt ich in Begleitung des Gefr. .. .. .. (und Alfreds) nach Stampried, wo noch 2 farbige Polizisten (Leute des Bastards Willy Keen) in Pontoks stationiert sind. Dieselben waren natürlich nicht da, angebl. nach !Aub, einer Wasserstelle mit Hererowerft. Wir blieben über Mittag da – es war drückend heiß, aber die Gewitter am Horizont kamen nicht zu uns –, und von 4–6 durch entsetzlich klippiges Gelände S.O nach Aub. Da waren die beiden Polizisten, ferner ein farbiger Trader Ohlsen's (mit Reit- resp. Lastochsen) beim Hererogrootmann (Unterkapitain) Umbaine. Farbige [4] benehmen sich bei Ankunft eines Europäers anscheinend stets gleich: ein Gemisch zurückgehaltener Neugier u. erkünstelter Würde mit scheuer Furcht u. grinsender Kriecherei. Umbaine bekam ein Stück Tabak u dankte fast so lebhaft, wie neulich Heldts Bambuse Swartjehan für die 2 M baar.

Unter Begleitg des Polizisten Johannes auf Reitochsen kamen wir wieder mit Dunkelwerden in Oas an.

Donnerstag, 24.11. ging ich im südlichen Bogen über die Wasserstellen, die besonders zu Farmen geeignet sein sollen, nach Gobabis zurück. Meinen ursprünglichen Plan, mich einer Patrouille nach Olifantskloof anzuschließen, mußte ich aufgeben, weil die Station erst am 22. eine (natürlich noch nicht heimgekehrte) Patrouille nach Epukiro gesandt hatte, u sich nicht um weitere 2 Mann entblößen konnte; auch fehlten Eingeborenenführer für den neu von Lt. Reiss entdeckten Weg über Gorikhas.

Gefr. .. .. .. führte, Gefr. Reimers kam mit, [5] sie hatten je 1 Handpferd, aus Gobabis entlaufene Tiere.

Das Gelände war den ganzen Tag bald lichte, bald dichte Baum-Buschsavanne, nur hinter Masis einmal eine größere Steppenfläche.

Von 7–9 Uhr ritten wir bis Zachis, wo ein alter Truppler Balzer mit seinen 2 Bastardkindern sich seit 4 Wochen niedergelassen; früher hat er in Q-ais gehaust. Bewirtg mit Kaffe und Schmalzbrot konnten wir nicht ausschlagen, doch drängte ich zum Aufbruch u ritt über Gaus nach Makam; etwa 1–1 ½ ʰ. Als wir dort Mittagspause machten, kamen von W her Rt. Luckan und Tomaszewski, die auf Suche nach den Pferden ausgeschickt waren, welche wir mitbrachten. So kehrte .. .. .. nach Oas, Luckan u Tom. mit uns nach Gobabis um.

Von 3 ʰ–4 ʰ Uhr ritten wir von Makam nach Masis. Alles große offene Wasserstellen, wie große Teiche oder kleine Seen, voll klaren

Wassers, umrahmt von Schilf, Veronika, bevölkert mit Enten, Fröschen, Mücken, Reihern und Schwalben.

Hinter Masis verloren wir den Weg und [6] trennten uns allmählich. Ich hatte mich Luckan angeschlossen, der querfeld- u querwaldein auf das ab u zu sichtbare „Spitzkoppje" – eine Erhebg von höchstens 5 m auf der Dune am rechten Nosobufer, am Gefechtsfeld vom 5.IV.96 – loshielt. Glücklicherweise war es Vollmond u kein Regen, sonst aber im Sandboden u Gesträuch ein unbequemes Reiten. Etwa um 8 Uhr kamen wir auf den Weg von Gunachas, um ¾ 9 auf der Station an – zum Schluß hatte mn Stute Paula einen Trab ausgegriffen, daß die anderen Pferde nur im Galopp nachkamen.

In Gobabis eine Überraschg: Grf v Stillfried da: er war zum Pfadfinden von Seeis querfeldein nach Witvley u von da auf Abstecher nach Gobabis gekommen.

Vom 25.–27. blieb ich still in G., las in Schlossers Weltgeschichte u der „Modernen Kunst", schrieb eine Meldg ans Windhoeker Lazareth u dgl. Nur [7] durch einen – *au fond* bedeutungslosen, aber ihm sehr peinlichen – Kolikanfall des Grfen in der Nacht vom 25. zum 26. wurde die Ruhe etwas unterbrochen.

Montag, d. 28. früh morgens belud ich mn Karre u ließ sie südwärts trekken, nachmittags folgte ich mit Alfred, mn 3 Pferden u Gefr. Wieland als Reitordonnanz. Feldw. Goger gab uns ½ ʰ das Geleite. Die Karre war sehr gut getrekkt, wir holten sie erst gegen 9 Uhr, nach 4 Rtstden kurz vor Kaitsaub ein. Die Gegend war dem Sandfeld gleich. Steppe, nur am Nosob, auf dessen r. Ufer die Pad von Gunachas bis Kaitsaub läuft, stehen dichte Bäume. Am Horizont gewitterte es, wir kamen aber ohne Regen davon, auch nachts; an einer Stelle mußte es stark geregnet haben, nachdem die Karre passiert war, ehe wir hinkamen.

In Gunachas bekam ich die Kamele nicht zu Gesicht.

Die Nacht war schön u warm, bei klarem Mondschein. [8] zum ersten Mal belästigten mich Moskitos. Zuerst versuchte ich den Mückenschleier; er ist aber beim Schlafen recht unbequem; dann ging es mit der über die Ohren gezogenen Kameelhaardecke. Mit dem Jacob'schen Schlafsack bin ich nach wie vor sehr zufrieden. Heute war es sehr heiß und schwül ohne Regen; ein Dursttag fürs Vieh, während wir noch eine volle Wassertonne von Gobabis mithatten. In Kaitsaub konnten aus einem dh Spatenstiche vertieften Schlammloch gerade noch die Pferde getränkt werden, die Wasserstelle Kanakab 1 ^{h} vor Lehmwater war völlig leer. Dazu machte das Gras allenthalben einen so dürren welken Eindruck, daß wir wieder in die Trockenzeit geraten zu sein schienen. In der That berichtete man mir hier in L., daß es dies Jahr erst einmal geregnet – während in Gobabis u Oas seit 2–3, in Epukiro seit 8 Wochen fast tägl. Regen fällt. Merkwürdiges Land!

Das Gelände wurde bald hinter Kaitsaub etwas gewellt in Form großer Sanddünen mit strichweisen Klippen, Vegetation, [9] Steppe u Busch, vereinzelte Bäume. Ich habe weder gestern noch heute Wild zu Gesicht bekommen.

Zusammen mit der Karre ritten wir bis zur Wegteilg Qais – resp. Lehmwater, dann allein hierher vor 1 ½ + 2 Rtstden.

Hier alles gesund. Neben der Station eine große Buschmannwerft – wovon morgen mehr.

Lehmwater 20. November 1898.

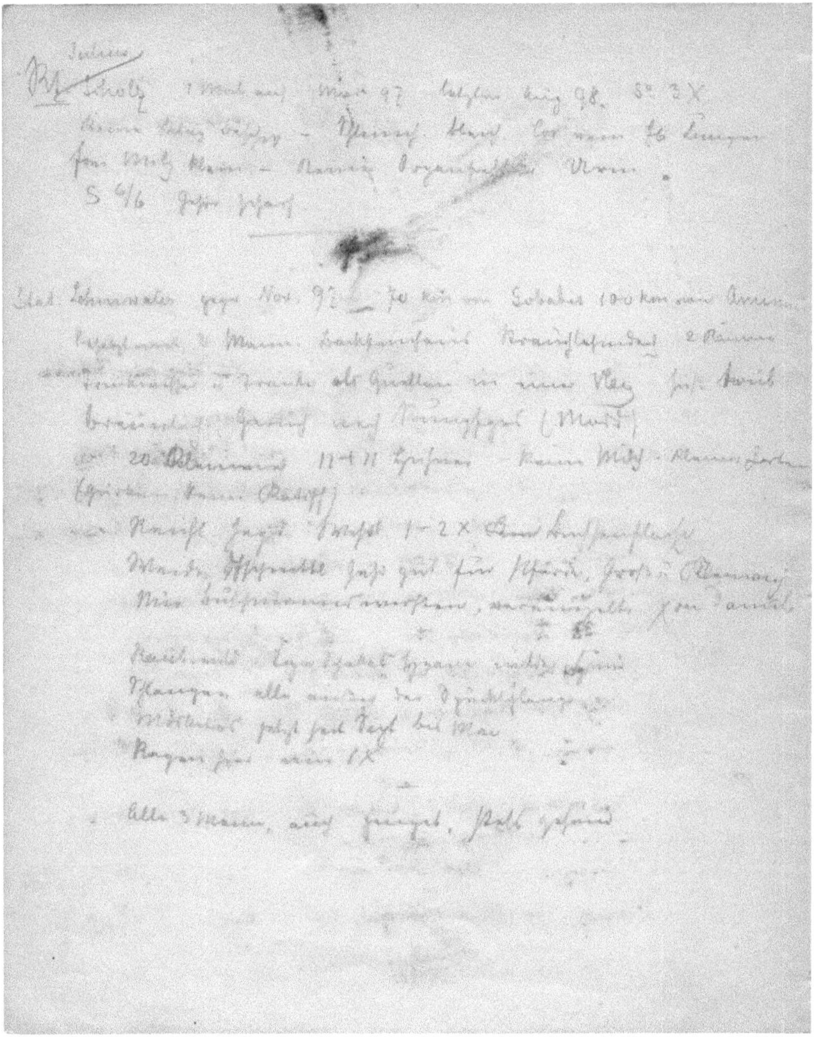

Abb. 5: Tagebuchblatt vom Dezember 1898 (Seite 10)

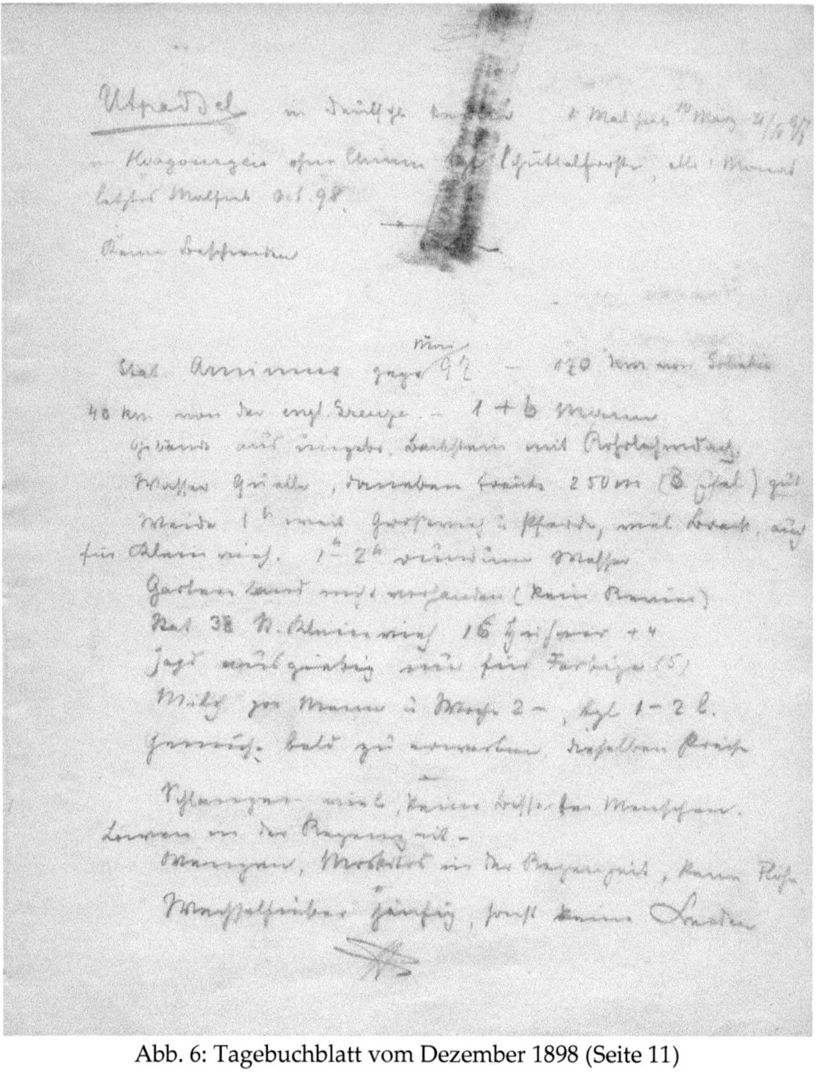

Abb. 6: Tagebuchblatt vom Dezember 1898 (Seite 11)

[10] Rt. Julius Scholz 1 Mal anf Mai 97 letzten Aug 98. S^a 3X. Keine Klag Beschw – Schleimh. bleich. Cor rein Eb Lungen frei Milz klein – Keine Organfehler Urin S 6/6 Gehör scharf.

—

Stat. Lehmwater gegr Nov. 97. 70 km von Gobabis, 100 km von Aminuis, besetzt mit 3 Mann. Backsteinhaus, Strauchlehmdach, 2 Räume, Trinkwasser u Tränke als Quellen in einer Vley, süß trüb bräunlich. Geruch nach Sumpfgas (Mudd).
20 Kleinvieh, 12 + 22 Hühner – keine Milch – kleiner Garten (Gurken, keine Katoff).
Reichl. Jagd. Wchtl. 1–2x Buchsenfleisch.
Weide dschnittl Jahr gut für Pferde, Groß u Kleinvieh.
Nur Buschmannswerften, vereinzelte von damals.

—

Raubwild Tiger, Schakal, Hyane, wilder Hund.
Schlangen alle außer der Spuckschlange.
Moskitos jetzt seit Sept bis Mai.
Regen hier nur IX.

—

Alle 3 Mann, auch Eingeb, stets gesund.

[11] Utpaddel in Deutschl kexxxr 1 Malfieb 10 März – 21/IV.97 in Hoagousgeis ohne Chinin tgl Schüttelfroste, alle 1 Monat letztes Malfieb Oct 98. *(Anm. d. Hrsg.: Malfieb = Malariafieber?)*

—

Keine Beschwerden

Stat. Aminuis gege Mai 97. – 170 km von Gobabis, 40 km von der engl. Grenze – 1 + 6 Mann.
Gebäude aus ungebr. Backstein mit Rohrlehmdach.
Wasser Quelle, daneben Tränke 250 m (3 Esel) <u>gut</u>.

Weide 1 ^{h} weit Großvieh u Pferde, viel Brack, auch für Kleinvieh.
1 ^{h} –2 ^{h} rundum Wasser.
Gartenland nicht vorhanden (kein Revier).
Stat. 38 k. Kleinvieh, 16 Hühner + 4.
Jagd ausgiebig nur für Farbige (5).
Milch pro Mann u Woche 2 –, tgl 1–2 l.
Gemüse bald zu erwarten. Dieselben Preise.

—

Schlangen viel, keine Bisse bei Menschen.
Löwen in der Regenzeit –
Wanzen, Moskitos in der Regenzeit, keine Flöhe.
Wechselfieber häufig, sonst keine Leiden

—

[12] Hoa-gous-geis, Donnerstag, 8.12.1898.
Von Dienstag den 29./11 abends bis Freitag 2./12 morgens blieb
ich in Lehmwater; um Ochsen u Pferden Erholg zu gönnen. Es
waren langweilige Tage, ich las tags über alte Schmöker, welche
die Leute da hatten – z. B. Heinrich Esmond von Thackeray in einer Übersetzg aus dem Jahre 1852 – u litt nachts sehr unter Wanzen u Moskitos. Einigemale versuchte ich, mich mit den Buschleu-
ten anzufreunden und etwas von ihrer Sprache aufzuschnappen,
aber meine Bemühgen fanden kein Verständnis, vor allem nicht
bei Alfred, der als „tolker" – Dolmetscher diente.
Die Karre hatte ich schon am 1/12 abends vorausgeschickt, damit
sie die große Durststrecke Oms–!Achab in 2 Nächten überwände.
Wie schon öfters war am 2/12 früh Witfoet weggelaufen; sein Ein-
fangen verzögerte unseren Aufbruch bis nach Sonnenaufgang. Es
war ein leidlich kühler Tag, bedeckter Himmel u ab u zu Steppre-
gen.
[13] Halbwegs Oms kamen wir auf eine große Pfanne, ohne Wasser, voll Brack-gras, wo 6 Gemsböcke weideten. Wir kamen auf

250 m nahe. Mein Begleiter Dubrow war abgestiegen u gab Feuer – Sßßß – der erste Schuß ging fehl, das Rudel blieb ruhig stehen. Wieder Sßßß – da brach ein Bock zusammen, und konnte den anderen, welche flohen, nicht folgen. Wir näherten uns dem zappelnden Wild, das offenbar einen Rückgratschuß erhalten, u B. tötete es vollends dh einen Kopfschuß. Mittlerweile war das Rudel wieder in 350 m stehen geblieben, aber B. *(Anm. d. Hrsg.:* B = <u>B</u>egleiter Dubrow?) traf nichts mehr u jene flohen endgültig über die Höhe.

Während wir mit dem Schlachten des Bockes, der die Größe eines starken Kalbes hatte, beschäftigt waren, kamen 2 Wildebeester (Gnu) auf die Pfanne herab. Wir saßen auf, und kamen ihnen unter dem Winde auf 100 m nah. Als aber B abgesessen war, u sein Gewehr nicht gleich aus dem Schuh losgekam *(Anm. d. Hrsg.:* … *aus der Gewehrhalterung freikam)*, gingen sie dh. Wir im Galopp hinterher – denn das wilde Beest läßt sich müde jagen –, wieder auf 100 m nah u 2 vergebliche Kugeln nachgesandt.

[14] Dann ließen wir von ihnen ab und kehrten zu uns. Gemsbock zurück. Leider mußten wir den größten Teil liegen lassen – Schakalen und Hyänen zur Beute, u konnten uns nur die besten Stücke aus den Hinterkeulen mitnehmen.

3 ½ ʰ hinter Lehmwater liegt Oms, eine kleine Kalkpfanne mit elendem Stinkwasser; immer fielen mir infolge des Gleichklangs die Verse von Trojan auf den Wein von Bomet ein, die mir Reo vorgetragen hatte.

Wenn du aber gar nach Bomet
noch in diesem Jahre kommst
lass dich warnen, sei kein Prasser
Schwefelsäure ist Zuckerwasser
Gegen den Wein, den du da bekommst.

Das Wasser in Oms war schlimmer als H_2SO_4 u doch, was halfs, wir kochten damit Reis u tranken es als Thee.

Die Nacht zum 3/12 ritten wir in 3 Absätzen dh – im Ganzen 7 Rtstden – nach !Achab. Bei der ersten Rast passierte das Unglaubliche, daß Alfred seinen Woylach verlor u auch, obwohl er zu 2stündigem Suchen zurückblieb, ihn nicht fand. Ich mußte ihm, wohl oder übel, eine von mn Kameelhaardecken [15] ablassen, drohte ihm aber, er müsse den W. von seinem Lohn bezahlen; ich will ihm die Hälfte 7,50 M abziehen. In seiner Angst hat er denn auch das Gemsbockgehörn vergessen – schade.

!Achab ist ebensolch ein Sauwasser wie Oms. Hier wollten wir über Tag lagern u abends in Aminuis eintreffen. Aber die Karre war gegen mn Ordre, in Achab zu warten, schon weitergetrekkt. So mußten wir, da wir ohne Lebensmittel waren, in den heißen Vormittag hinein, ihr nach.

Nach 2 Rtstden, gegen 10 Uhr, waren wir in Aminuis.

Die Station liegt an einer großen Salzpfanne von ca 25 km Umfang, die wie ein blendendes Schneefeld aussieht. Wenn man sie betritt, merkt man, da͟ß das auskrystallisierte Salz nur 0,2–1,0 cm dick den Boden bedeckt, eine Kruste bildend, durch die man oft in den mehr minder feuchten Lehm 5 –10 cm dhbricht. So wie es geregnet hat, ist [16] die Pfanne als 1-2 Fuß tiefer Schlamm unzugänglich.

An dieser Pfanne, dicht bei der Station, sind ein paar kleine Süßwasserquellen, um sie ist die Vegetation, die bisher lichte Baum-Buschsavanne war, ein wirres Gestrüpp von Dorn- u andern neuen weidenartigen Sträuchern.

Bei der Station liegt eine Betschuanenwerft, reinliche Stroh- u Lehmhäuser, nicht Pontoks.

In Aminuis blieb ich vom 3. bis 6./12, immer auf der Station, Schmöker lesend u. s. w. Ein einziger leichter Fieberkranker gab

Gelegenheit zu Mal.präparaten *(Anm. d. Hrsg.: Malariapräparaten?)*.

Es war ein Civilist da, ein Kommis von Ohlsen-Gobabis, Stuckle oder Stöckler; ich habe mit ihm außer dem Namen kaum 3 Wörter gewechselt; er verkehrte, spielte mit der Mannschaft. Mit dem Stationsältesten, resp. hef. Serg. Pawlaczek unterhielt [17] ich mich öfter, u ergänzte in kleinen Zügen das historische Bild, das ich mir langsam über die bisher. Entwicklg der Kolonien mache – – –

In Aminuis wurde ich etwas von Wanzen, wenig von Moskitos geplagt, u schlief meist draußen; es regnete nur gewitterweise u nicht so reichlich, daß man von einem Einsetzen der Regenzeit (wie bei Epukiro) reden könnte. An der Verpflegg war ausgezeichnet, daß es reichlich Milch gab, die ich dick, zu Milchreis usw genoß. Die Betschuanen sind erst seit einem Jahre mit c 200 Rindern aus der Kalahari hergetrekkt, wo sie angeblich weder Rinderpest noch Schutzimpfg dhgemacht haben.

Ich konnte auch meine gebrauchte Wäsche waschen lassen, nicht gut, aber doch rein; auch mn Cordanzug ließ ich waschen, er ist fast weiß geworden, u schmutzt noch leichter wie früher – kann aber eben immer aufs Neue gereinigt werden.

[18] Von Aminuis nahm Dubrow die letzte Post via Gobabis mit: eine Meldg ans trupp Kom über den Kapitulanten Utpaddel u eine Bitte an die Post, meine Briefe usw. in der Adventswoche nach Rehoboth zu senden.

Also am Dienstag den 6./12 abends brachen wir von Aminuis auf: die Karre direkt nach Hoagousgeis, wir – Utpaddel, Alfred, ein Hottentotte als Wegweiser u ich – SWwärts nach Arahoab, wo der nordöstl. Gibeoner Posten ist.

3 ^{h} von 5 bis 8 Uhr, 3 ½ ^{h} von 3–6 ½ Uhr zuerst dh Baumsavanne, dann über Rotsanddünen, die meist mit Laubholz bestanden sind, ins Nosobthal.

Die Station Arahoab ist nur mit einem Mann – Unt.off. Jacobi – u 3 farb. Polizisten belegt. Obwohl sie seit 96 besteht, ist ihr Gebäude eine elende Stroh-Lehmhütte, schlechter als die der Betschuanen. Daneben liegt eine [19] Hottentottenwerft. Jacobi war weg, Niriedts zu seiner Farm Nubus, (er will im Jan 99 abgehen), dafür aber stellten sich zwei mittelalterliche Hottentotten in alten geflickten Kleidern als „Kapitain" David Cooper aus Gochas und Jacob Lampert aus Arahoab vor. Sie praatjeten holländisch sehr gut u erzählten u. a., daß Maj. Leutw. von Keetmanshoop nach Bethan. u Grootfontein gegangen sei, das Gros der Feldtruppe aber umgekehrt u jetzt etwa Gibeon passiert habe. Alle Grootman der Hottentotten seien nach Christmess nach Eikams (Windhoek) bestellt – wegen Grenzregulierg.

[20] Olifantswater. 9.12.98.
Als wir aber am Nachmittag nach Nabosch ritten – von 3–½ 5 Uhr teils im Revier des Nosob, teils eine große Krummg abschneidend über Rotfourdunen – da berichtete Unt.off. Jacobi ganz anders: daß die Cooperhottentotten sich von Betschuanen 25 neue Martinigewehre mit Munition gegen Vieh eingekauft hätten u dafür mit Landabtretg bestraft werden sollten.
J. wußte auch noch zu erzählen, daß im Gibeoner resp. Bersabaer Distrikt Diamanten, u zwar schwarze gefunden sein, von den Engl. Rowds (?) u Dunker (?), die ihren Fund solange geheim gehalten hätten, bis die neue Schürfordng herausgekommen sei, nun aber ein Explorating C° gegründet hätten u in einer Mine mit Wasser, das auf Wagen meilenweit herbeigeschafft wurde, wuschen.
J. hatte eine geschwollene Backe, ich erbot mich, ihm den Zahn zu ziehen, wenn er mit zur Karre nach Hoagousgeis käme, aber er ritt zurück nach Arahoab. Abends kam er [21] dann plötzlich wieder – wir übernachteten in Nabos –, weil er sich wegen vermehr-

ter Schmerzen anders besonnen hätte. Am nächsten Morgen war er aber verschwunden u kam auch nicht nach Hoagousgeis nach. Wir ritten dorthin in 3 ½ ʰ, von 5–½ 9 Uhr (am Donnerstag den 8.12.98) immer den Nosob aufwärts, dessen Revier dh viele Termitenhügel und Taxussträucher ausgezeichnet ist.

In H. steht noch halb zerfallen, die Strohlehmhütte der ehemaligen Station, u nahe bei liegt das Grab des am 28.1.97 am Fieber gestorbenen Gefr. Zimmermann. Die Station ist hauptsächlich des schlechten Wassers wegen aufgegeben, es ist auch miserabel, schlammig = brackig.

Die Karre war auch am selben Morgen angekommen; Thimothe hatte ein Straußennest mit 9 frischen Eiern gefunden, [22] aber die ihm anvertrauten 5 Patronen angebl. ohne Jagdbeute verschossen. Es war sehr heiß und windstill, trotz der Nähe des Neumondes deutet kein Wölkchen auf den Beginn der Regenzeit. Auch ist allenthalben südlich von Gobabis die Weide dürres und gelbes Gras, jedoch nirgends in größeren Flächen abgebrannt, obwohl es, wie ich mich wiederholt überzeugt, Feuer fängt, wie Zunder. Zwischen den alten dürren Halmen sprießt junges Gras, auch die Sträucher sind mit jungem Grün bedeckt, aber dieses „Frühlingsweben" ist noch nicht weiter als es um W'hk bei mn Abreise war. – Zum ersten Mal in Afrika aß ich Straußenrührei, es schmeckte delikat, während das von argentin. Straußen, das ich 94 in Buenos Aires gegessen, trotz alles Ausbratens mit Speck sehr streng war. Abends 5 Uhr ließ ich die Karre vortrekken, mitternachts folgten wir. Da der abnehmende Mond erst viel später aufgeht, so hatten wir [23] einige Mühe u viel Zeitverlust, um unsere Karrenspur zu finden. Dabei passierte ein kleiner Zwischenfall. Alfred, der sich von uns getrennt (u als erster die richtige Pad gefunden) schrie Mynher, hier is de richte pad – wir aber verstanden de tiger hat die witfoed fat, eilten mit gespanntem Revolver u geladenem

Gewehr, abgestiegen, dh Busch u Dorn und riefen dem Jungen zu mach für, mach für – (damit wir in der Dunkelheit ihn schneller fänden). – Als er verstanden, loderte Feuer in die Höhe, und in der That, ein hundegroßes Beest, wohl eine Hyäne, huschte daran vorbei, aber Alfred hockte ganz ruhig da neben den beiden unverletzten Pferden u meinte lakonisch ick hab de richte pad fat.

Es war eine gute alte Wagenspur, die vor einigen Monaten von 4 Bastardwagen [24] gezeichnet ist; auf den Karten steht sie nicht darauf. Das Terrain ist das der breiten u flachen Rotsanddünen, auf kleinen Strecken mit Kalkklippen besät, von lichtem Busch (viel dornloses Laubholz) bestanden: eine anstrengendes Tour für Pferd u Reiter, wobei ich mich auch zum ersten Male hier etwas dhgeritten habe. Nach 3 Uhr (wir hatten jedoch kaum 2 ^{h} wirklich geritten) hatten wir die Karre ein, nach kurzer Rast eilten wir um 4 Uhr weiter. Gerade mit Sonnenaufgang trafen wir auf einen Klippbock, den Utpaddel auf 100 m erlegte. Es war ein trächtiges Weibchen, das Geschoß hatte den Unterleib getroffen u solche Explosionswirkg entfaltet, daß ein Teil der Gedärme und das ausgetragene Junge „heraus geschossen" waren. Wir nahmen die Hinterkeulen zu Pferd mit und schmissen den Rest auf einen hohen Dornstrauch, wohin die Schakale nicht ankommen konnten, damit es die nachfolgende Karre sehen und sich mitnehmen solle.

[25] Kurz nach 8 Uhr kamen wir ins Olifantrevier, kurz vor 9 hierher an das große Kalkloch im Revier. Das Wasser ist nicht besser als Hoagousgeis, aber zum Kochen muß es doch dienen *faute de mieux*. Hätte ich je gedacht, daß ich solchen Dreck je genießen könnte?

Nahe bei ist eine Hottentottenwerft; ich habe schon ½ l Milch in auffallend reinlichem Gefäß für 10 Stück Zucker eingetauscht, morgen sollen wir mehr bekommen.

Es war ein schrecklich heißer Tag, nicht schwül u brütend, sondern sengend u bratend. Das Schlimme ist die Schutzlosigkeit: auch der dichteste Kameeldornbaum giebt jeweils nur nach einer Seite Schatten, dem man also rund herum nachziehen muß, dieser Schatten ist auch nur so so, denn das akazienartige dünne Laub ist sehr dhlässig. Dabei hat man weder Zelt [26] noch Korkhut noch Fächer und vor allem gar keine Möglichkeit, zu baden oder zu douchen. Das ist das miserabelste am Padleben – mit den anderen „Entbehrgen" u „Mühsalen" vertrage ich mich ganz gut; sie werden aufgewogen dh das Neue, das Selbstständige, das <u>Naturgemäße</u>. Ja diese kühlen Nächte ohne Zelt unter dem Sternenhimmel sind geradezu köstlich – wenn gerade keine Moskitos summen.

—

[27] Hoa ! cha ! nas, 14.XII.98.

In der Nacht vom 9. zum 10. von Freitag zu Sonnabend kam die Karre nach Olifantwater. Diese Nacht hatte ich auf dem Hügel des linken Flußufers geschlafen u war dadh den Moskitos entgangen, die im Thal zahlreich bissen.

Ich hatte Gelegenheit, 2 Hartebeestgehörne gegen Taback u Kaffee einzutauschen; auch brachten die Hottentotten dafür reichlich Milch bei.

Am 10. abends ritten wir voraus, ließen aber die Karre zur Erholung der Ochsen noch 24 ^{h} dort. Nach 2 ^{h} kamen wir an eine Kalkpfanne mit vorzüglichem Wasser, wenigstens im Vergleich zu den „Quellen" seit Aminuis. Gom!nas heißt diese Stelle.

Bis Gom nams lief eine alte verwischte Wagenspur über derart gewelltes Sandfeld, daß es kaum noch „Dünen" genannt werden konnte; dahinter liegt eine weite Ebene, bis sich kurz (1 ½ ^{h}) vor Hoachanas wieder einige Dünen aufwerfen. Etwa 1 ^{h} hinter G. übernachteten wir. Mit Sonnenaufgang am Sontag ging es weiter.

Nach etwa 1 ^{h} merkten wir, daß der alte Weg zu weit südlich auf Lidfontein zu führe. Wir brachen Wwerts rechts ab, querfeldein bis wir am Fuß der ersten Düne [28] auf einen Fußweg stießen, der uns alsbald zu Viehherden u dh diese direkt nach H. brachte.
Um 9 Uhr langten wir hier an.

Von weitem schon leuchtete die Kirche u das Missionsgebäude weiß aus dem Grün des Gartens heraus, eine Oase in der Steppe – wie ein stattlicher Gutshof in Deutschland. 500 m davon, auf eine Höhe, liegt die Militärstation, hier „Schanze" genannt, sie ist von 2 Mann besetzt.

Stat. Hoachanas ...... km von Rehoboth, 2 Backstein (ungebr.) Häuser mit 3 Wohnräumen, Strohlehmdach. Auf einer Höhe, 200 m, Quelle im Steinhaus. Gutes Wasser.

Weide 2 ^{h} (gut), Holz 3–4 ^{h} entfernt. – Kein Stationsvieh.

Keine Jagd, 4x Konserven, 1 l Milch 15 Pf., 1 Pfund Butter 1,50. Von der Mission das ganze Jahr über Gemüse, event Obst. Eigener Garten begonnen.

Kein Raubwald, wenig Schlangen, Moskitos viel, Wanzen keine Flöhe.

Wechselfieber seit 96. z. Z. Alles Gesund (Nack 120 Pulse). Von 4 Krhtsfällen bei Eingeborenen 2x Lues III, 1x Conjunct IX Trachealkatarrh.

Im Übrigen ride Jahresbericht.

[29] Hoachanas 16.12.98.
Ich habe die 5 Tage hier in H. größtenteils als Gast des Missionars Judt verlebt, nur des Nachts schlief ich oben auf der Schanze oder vielmehr neben derselben, im Freien; da die Nächte warm waren u die Regenzeit hier noch nicht begonnen hat.

Viele interessante Gespräche über die Geschichte der Kolonie, über Missionswesen, religiöse und völkerpsychologische Fragen vertrieben die Zeit. Ab und zu konnte ich ärztliche Ratschläge erteilen oder mit dem Mikroskop medizinische Probleme erläutern, besonders über Malaria.

Dh die vorzügliche deutsche Küche der guten Frau Judt bin ich tüchtig herausgefuttert.

Abends u morgens oben auf der Militärstation habe ich Lektüre – meist Missions- – getrieben, u. a. Runges Schrift über Dampier, die in mir [30] alle Sehnsucht nach N G neu erweckte.

Am Montag abend kam mn Karre hier an, die Ochsen sind in gutem Zustand, so habe ich sie gestern, Donnerstag 15.XII, abends via Bitterwater nach Leckerwater vortrekken lassen. Dort, wo genügend Regenwasser sein soll, soll sie auf mich warten.

Ich habe hier von Eingeborenen für Tabak u Kaffe ca 30 Straußenfedern – leider sämmtlich minderwertig – eingetauscht, u vom Gefr Ritter 11 Gehörne (9 Gemsbock 1 Gnu, 1 Hartebeest) für 30– M auf Credit gekauft.

(Anm. d. Hrsg.: hier endet das Tagebuch.)

OD-1899-01-05-SWA-Letter-08p

Windhoek 5.1.99.

Liebe Eltern!

Mein letzter Brief ist Anfang November von hier abgegangen und hoffentlich zu Weihnachten in Euere Hände gelangt.

Von Euch liegen vor mir Briefe vom 17. und vom 23. October, sowie der heute angekommene Brief vom 20. November. Auch habe ich allmählich die beiden Packete und sämmtliche von Vater aufgezählten Drucksachen erhalten. Herzlichen Dank für alle Sendungen, und für die viele Liebe, die sich darin kund thut!

Zu einem „Wanderbrief" bin ich noch immer nicht gekommen, und werde mich auch heute kurz fassen, da Postschluss schon vorbei ist, und ich diese Zeilen nur noch durch die Freundlichkeit eines Herren, der heute nachts [2] nach Swakopmund abreitet, dorthin besorgen kann.

Ich will von mir kurz erzählen, und dann Euere lieben Briefe beantworten.

Am 5. November trat ich meine Dienstreise in den Osten des Schutzgebietes an; am 24. December bin ich wieder zurückgekehrt. Man reist hier zu Pferde, aber eine Ochsenkarre mit Gepäck begleitete mich auf dem grössten Teil der Tour; 4 Farbige bildeten meinen Tross, je ein Soldat wurde mir als Ordonnanz und Wegweiser von Militärstation zu -station mitgegeben. Mein Reiseweg war Windhoek – Seeis – Otjihaenena – Witvley – Gobabis – Epukiro – Oas – Lehmwater – Aminuis – Arahoab – Hoachanas – Rehoboth – Windhoek. Ausser Otjihaenena sind alles kleine Militärstationen; dieser Platz aber, sowie Hoachanas und Rehoboth sind Stationen der rheinischen Mission. Die wenigsten Namen werdet Ihr auf den Atlanten finden; ich schicke später eine [3] Skizze ein. Rund 1300 km habe ich zu Pferd zurückgelegt. Es war eine sehr interessante Reise. Das Wetter, obwohl schon Übergang zur Regenzeit, war mir äusserst günstig, meine dienstlichen Aufträge erledigten sich sehr einfach, und – was die Hauptsache – meine Gesundheit blieb vorzüglich. Ich bin wohl etwas mager geworden, fühlte mich aber viel wohler unter den Entbehrungen in der endlosen Steppe, als bei den unsoliden Genüssen im Windhoeker Casino. Auch pecuniär habe ich günstig abgeschnitten. Wir bekommen keine Tagegelder, können uns aber auf den Militärstationen unentgeltlich in Mannschaftsverpflegung geben. Das habe ich meistens gethan, und so die 200 M erübrigt, die ich Euch gleichzeitig per Postanweisung einschicke, als Zinsen (4 %) der mir von Euch auf mein Erbteil hin vorgestreckten 5000 M für die Zeit vom 1.IV.98 bis 1.IV.99.

[4] Gerade zu Weihnachtsabend kam ich hier an. Seither lebe ich wieder hier einerseits in der Geselligkeit des Casinos, das fast täglich etwas zu feiern hat, andererseits mit Dienstobliegenheiten betraut, die mir angenehm sind. Ich habe nämlich die ganze praktische ärztliche Thätigkeit, die Krankenbehandlung, dem Oberstabsarzt überlassen (namentlich die Privatpraxis war mir stets unsympathisch), und mir dafür den Bureaudienst, Rapporte, Berichte, Atteste u.s.w. ausgebeten. Dieser schliesst zunächst eine monatelange Arbeit in sich: die Correctur der Generalrapporte der letzten Jahre, die sämmtlich vom Kriegsministerium beanstandet zurückgekommen sind, weil die früheren Sanitätsoffiziere diesen Teil des Dienstes gänzlich vernachlässigt hatten. Es ist eigentlich Subalterndienst, aber gerade ich bin ja „schreibfroh". Dazu kommt die Hauptsache: ich stehe für den Aussendienst [5] zur Verfügung; wo ein Arzt auf kleinen Stationen verlangt wird, da soll ich jeweils hinreisen. Ich hoffe, auf diese Weise noch ein gut Stück Afrika kennen zu lernen.

Sonst habe ich nichts besonders über mich zu berichten, was ich nicht viel ausführlicher alsbald im Wanderbrief erzählen werde. Vielmehr schreite ich zur Beantwortung einiger Puncte Euerer Briefe.

Zu dem Thema „Anknüpfungspuncte" oder: „die Welt ist ein Dorf" kann ich folgendes erwähnen:

Major Müller ist Sohn des verstorbenen Oberforstmeisters in Königsberg, dem man in Schwarzort ein Denkmal gesetzt hat.

v. Estorff's sind Beide in Outjo, deshalb kann ich da keine Beziehungen feststellen.

Berginspektor Duft stammt aus Goslar und kennt Tappens.

Lt. Ziegler ist seit ½ Jahr in Europa.

[6] Postsecretär Diers ist mit Bannitz befreundet, Postcassierer Schultze kennt Paul v. Schäwen, Assessor Richter hat mit Ernst Rosenfeld beim selben Gericht gearbeitet; u.s.w. – – –

Die Adresse auf dem eingeschriebenen Brief aus Swakopmund hat irgend einer der Herren geschrieben, denen ich noch auf dem Bahnhof den Brief gab, weil das von mir geschriebene Couvert gerissen war. –

Ein Krieg im Damaralande hat nie in Aussicht gestanden; zu einem Feldzug im Süden des Namalandes wäre es fast gekommen; doch genügt die demonstrative „Felddienstübung", die Major Leutwein nach Keetmanshoop hin unternahm (im Sept. u. Oct.), um die Hottentotten einzuschüchtern. Auch jetzt ist nirgends „Orlog" (holländisch = Krieg) in Sicht. Man lebt hier sicherer als in Europa.

[7] Gewiss kann der Wanderbrief in Zukunft sowohl zu Ogilvies gehen, als auch am Schluss an Euch zurückgesandt werden. Wenn ich den ersten zurückerhalte, schicke ich ihn Euch.

—

Was Ihr mir über Euer Ergehen schreibt, hat mich sehr erfreut. Dass die Federn zu Ehren gekommen sind, ist mir eine Genugthuung, der ich demnächst durch einige Straussenfedern Ausdruck geben werde. Ich möchte Euch Beide, Mama und Ella, wohl einmal unter den neuen Hüten sehen.

Vaters dienstliche Mitteilungen sind mir, wie immer, sehr interessant; nur von Mutter möchte ich auch gern einmal mehr hören, wie es ihr geht, womit sie die Tage verbringt, seit die Kinder aus dem Hause geflogen sind.

[8] Ella hat mir selbst einen lieben und zufriedenen Brief geschrieben, den ich auch bald beantworten werde. –

Zum Schluss möchte ich Muttern noch meinen besonderen Dank für die schönen Nachtanzüge sagen (die ich ja als Weihnachtsgeschenk ansehen soll). Sie sind sehr gross und bequem, und sitzen vorzüglich. Auch die Taschentücher, Strümpfe und weissen Schuhe habe ich gut brauchen können. Nur Plätthemden fehlen mir sehr; habe ich keine mehr dort gelassen? – Vaters Circel, die Füllfeder u die Zollstäbe – alles sind sehr praktische Sachen.

In diesem Sinne kann ich, wie immer, auch jetzt meinen Brief nur mit vielen Grüssen abschliessen als

Euer <u>dankbarer</u> Sohn

Otto.

OD-1899-02-02-SWA-Letter-08p

Windhoek 2.2.99.

Liebe Eltern!

Seit meinem letzten Brief vom 5.1.99 sandte ich Euch nur eine Postkarte aus Okahandja, wohin ich eine Dienstreise gemacht hatte. Auch von Euch resp. von Vater empfing ich nur eine sehr hübsche Ansichtskarte aus Bremen. Offenbar schreibt Ihr nur zu dem sogenannten „direkten" deutschen Dampfer, dessen letzte Post, die Ende Januar in Swakopmund landen muss, noch nicht hier oben ist.

Einen Wanderbrief habe ich noch immer nicht zu Stande gebracht, so viel habe ich zu thun, hauptsächlich in Bureauarbeiten. Mein Ritt nach Okahandja [2] (50 km) war ja eine angenehme Abwechslung, brachte mich aber fünf Tage in meinen Schreibereien zurück. In diesem Monat muss ich übrigens wahrscheinlich dienstlich nach Swakopmund, um einen neuen kleinen Transport Mannschaften heraufzubegleiten. Das würde 4–5 Wochen dauern, etwa 10.2–15.3. Ende März muss ich bestimmt nach Rehoboth und Umgegend und später werden wohl noch mehr Dienstreisen nötig sein. Leider kann man nicht „kilometern"; 3 M. pro Tag ist die einzige Vergütung. Im Osten, wo es nur wenige Niederlassungen giebt, lebte ich billiger als hier in Windhoek, im dichter besiedelten Westen werde ich zusetzen müssen. Immer der leidige Geldpunct!

[3] Ich habe gestern 100 M. zur Post gegeben, und werde Euch von jetzt ab jeden Monat 100–150 M einschicken, mit der Bitte, davon meine Rechnungen in Deutschland zu bezahlen. Das ist einfacher und giebt mir grösseren Credit. Für Euch ist es auch keine so grosse Mühe eine einfache Buchführung darüber anzulegen, und wenn Vater in diesem Jahre in den Ruhestand tritt, so hat er wenigstens etwas für seinen Sohn zu thun. In der Annahme, dass Ihr diese kleine Mühe übernehmen wollt, habe ich bereits den drei Firmen, bei denen ich Bestellungen gemacht, geschrieben, dass sie die Rechnungen an Euch senden sollen. Es sind dies [4] Uniform- u. Militäreffectengeschäft von Kühne Berlin, Wäschefabrik von Jordan-Berlin, Commissions- und Speditionsfirma Homann u C° Hamburg, Luisenhof.

Bei Jordan habe ich für c^a 170 M bestellt, und geschrieben, er würde in 2 Monaten bezahlt werden, weil er sonst nur per Nachnahme schickt, was es doch hierher nicht giebt.

Den beiden anderen habe ich mitgeteilt, sie würden halbjährlich bezahlt werden; nur bei Homann habe ich zugefügt, Vater würde ihm, wenn er wünsche, eine persönliche Garantie bis 300,– M für mich ausstellen. Ich bitte Vater, gegebenen Falls diese [5] Formalität zu übernehmen.

Da ich bei Homann etwa für 200 M, wozu noch etwa 70 M Frachtspesen kommen, und bei Kühne für c^a 150 M bestellt habe, so ist die Summe 170 + 270 + 150 = 590 M in einem halben Jahre bei monatlich 100 M schon erreicht.

Ich hoffe Ihr acceptiert diesen Vorschlag, als eine solide Maassregel meinerseits, um grosse Rechnungen, die am 1. Juli oder 1. Januar moniert werden, zu vermeiden, und seht darin nicht einen heimlichen Appell an Eueren Geldbeutel; – ich habe noch immer rechtzeitig abgetragen, was Vater früher garantiert hatte.

In diesem Sinne sage ich Euch [6] im Voraus herzlichen Dank für Euere Mühwaltung.

Falls Ihr meinen früher einmal ausgesprochenen Wunsch nach alten Kleidern und Uniformen noch nicht durch den Spediteur Matthies erfüllt habt, so bitte ich Euch jetzt, alle diese Sachen bis zum 10. April an Homann u. C^o Hamburg Luisenhof für mich abzusenden, damit sie ohne Mehrkosten in der Wellbadschaukel, die ich bestellt habe, untergebracht werden können. –

Nach Erledigung dieser geschäftlichen Mitteilungen bleibt mir nur weniges Persönliches zu berichten.

Vor allem bin ich ganz gesund, fieberfrei, und ohne jegliche Rückfälle wirklich durchgemachter Augenkrankheiten [7] und angedichteten Herzleiden.

Auch dienstlich fühle ich mich ganz wohl, trotz gehäufter Arbeit: Bureau, Laboratorium und Aussendienst. Mit meinen Vorgesetzten stehe ich mich gut, mit Oberstabsarzt Lübbert direkt vorzüglich. Auch das Leben im Officiers- und Beamten-Casino ist ein ungemein Gentlemen-likes, und trotz mannigfacher Bezechtheiten kommen ernste „Ramschereien" = Zänkereien nicht vor. Das ist ein Vorzug vor der „Messe" in Neu Guinea und vor den deutschen Clubs, die ich sonst im Ausland kenne.

In Summa: es geht mir gut.

Von Euch hoffe ich dasselbe, und freue mich auf den alsbald fälligen [8] nächsten Brief.

Wie weit ist denn Vater bezüglich seiner Pensionierung? Wie sieht es in Stade aus? Wie in Memel? Wo und wie leben Ernst's? Ogilvies? Frau Gubba?

Von Grossmutter und den Verwandten hörte ich auch gern einmal.

Allen und Euch dazu, sende ich herzliche Grüsse!

Euer Otto

OD-1899-03-03-SWA-Letter-10p

z. Zt. Swakopmund 2.III.99.
(Anm. d. Hrsg.: Brief geht über zwei Tage, siehe Seite [7].)

Liebe Eltern!

Gerade am 16.2 als ich von Windhoek wegritt, erhielt ich Euere letzte Post, die bis zum 9. Januar datiert war, sammt den darin aufgezählten Drucksachen: besten Dank!

Die mit dem hier vor Anker liegenden, am 25.1 von Hamburg abgegangenen deutschen Dampfer etwa angekommene Post ist direkt nach Windhoek hinaufgegangen, doch liegt ein Frachtstück mit „gebrauchten Kleidern" für mich im Zollschuppen, woher ich es alsbald zu erhalten hoffe. Besten Dank für Euere freundliche Mühe.

Mittlerweile werdet Ihr meinen Brief von Anfang Februar in Händen haben, der Euch eine neue Methode von Heimatzahlungen [2] behufs Rechnungsbegleichung entwickelt. Wie damals, so sende ich auch heute 100 M. zu gleichem Zweck ein. Zu den dort angeführten Rechnungen, die Euch vorgelegt werden werden, kommt diesmal nur eine solche über Nachbestellung meiner Bilder beim Photographen Schaarwächter in Berlin, die ich zu prüfen und gelegentlich zu effectuieren bitten darf. –

Es wird etwa vier Wochen später als dieser Brief, ein Packet an Euch ankommen, dass Lt. v. Zülow von Windhoek in meiner Abwesenheit fertig machen wollte. Dasselbe enthält Straussenfedern, die ich auf meiner Ostreise aufgekauft habe. Bei der Verzollung bitte ich darauf zu achten, dass die [3] Verpackung nicht mitgewogen wird, da, wie ich glaube, der Zoll auf die sehr leichten Federn ein recht hoher ist. Ich habe die grossen zu einem Fächer bestimmt, den ich Otto Grunert, resp. seiner Braut zur Hochzeit schenken wollte; hoffentlich werden sie sich dazu eigenen, wenn sie chemisch gereinigt und durch Einfügung einzelner Fahnen ausgebessert sind. Den Rest bitte ich Mutter und Ella zu verwerten; ich werde ihnen später auch eine Serie grosser Federn senden. Als Geschäft, dass Fächer herstellt, kenne ich nur die Firma Sauerwaldt in Berlin Leipzigerstr –; sie soll 240 M für die Aufmachung (300 M für einen neuen Fächer) verlangen, was ich ungemein viel finde. Vielleicht ermittelt Mutter durch die intelligente Putzmacherin, die die [4] Paradiesvögel zu verwerten verstand, ein billigeren Modus, etwa erst chemisch reinigen lassen, dann Elfenbein- oder Patt-stangen zum Griff beim Kunstdrechsler bestellen, endlich von der Putzmacherin alles zusammenstellen, ausbessern, kräuseln usw. lassen. – 150 M. möchte ich wohl anwenden, wenn die Federn für Wert befunden werden.

Nun höre ich zwar, dass Grunerts Hochzeit schon im April sein soll, aber solch Geschenk würde auch nachher mehr Freude machen, als ein üblicher silberner Fischlöffel u. dgl.

Ich lege die Angelegenheit vertrauensvoll in Mutters Hände, die Geschmack und Kenntniss hat, und der Otto Grunert's Hochzeit wohl eine kleine Mühe wert ist. Meinerseits herzlichen Dank im Voraus!

[5] Nun will ich noch mit wenigen Worten auf mein eigenes Ergehen zu sprechen kommen.

Vor allem bin ich noch immer gesund, – unberufen! –, obwohl die Regenzeit einsetzt und mit ihr die Fieberzeit.

Auch dienstlich habe ich nur Ursache, mich wohl zu fühlen, namentlich mein Chefarzt Lübbert stellt sich mir gegenüber nur kollegial.

Pekuniär muss ich leider rechnen, fortwährend rechnen, was mir bekanntlich gegen die Natur geht. Aber die Heimatsendungen mögen beweisen, dass ich vorläufig noch gut rechne. Die Gehaltserhöhung ab 1. April ist auch nur Tropfen auf heissen Stein – 7200 M statt 6600 M – also pro Monat 50 M plus. [6] Am unangenehmsten empfinden wir Alle die niedrigen Reisediäten, 3 M. pro Tag, die auch nur gezahlt werden, wenn man in Verwaltungs- (nicht militärischen) sachen reist, weshalb ich bei meinen vielen Touren möglichst den „Regierungsarzt" gegenüber der Finanzabteilung betone.

Da ich keine Privatpraxis treibe – schon deshalb, weil ich stets unterwegs bin –, so erziele ich auch keine Nebeneinnahme; übrigens wäre von unseren armen Farmern und Boeren auch kein grosses Honorar einzutreiben. –

Am 16. Februar ritt ich von Windhoek ab, am 23. traf ich hier ein, ohne besondere Erlebnisse unterwegs. Hier lag der verfrüht eingetroffene Dampfer schon, aber das Löschen der Kolli durch [7] die Brandung ist noch heute nicht beendet. Dabei herrscht am Strande eine grausame Unordnung: der alte „Landungsagent" ist dem rapid wachsenden Verkehr selbst nicht gewachsen. So komme ich nur langsam zu den Lazarethwaaren, zu deren Empfang ich hergesandt bin. Dazu ist vorgestern (heute ist schon der 3.III) der Swakop infolge Regens auf der Namib „abgekommen" – was nur alle 2 Jahre einmal passiert – und hat Bahn und Telephon auf vielleicht Wochen betriebsunfähig gemacht. Infolgedessen werde ich mit meinen 31 Mann Ersatztransport nur bis „Nanidas" 10 km fahren und dann die 350 km nach Windhoek zu Fuss zurücklegen müssen, also erst gegen Ende des Monats dort anlangen.

Dann habe ich gleich Termin in Rehoboth – 90 km südlich Windhoeks – [8] zur Untersuchung farbiger Soldaten. Im April muss ich möglicherweise wieder hierher, um Stabsarzt (a. D.) Richter zu vertreten, der in Personalien zur „Residenz" will. Im Mai ist noch nichts bestimmtes in Aussicht, ich hoffe im Stillen auf einen grossen Zug ins Ovamboland zur Einsetzung katholischer Missionare usw. Mein höchster Wunsch wäre dann, auf eine dort neu zu errichtende Station fest kommandiert zu werden. Denn dort im Norden ist es tropisch warm, giebt es Wasser, Palmen und viele Menschen. Europäer aber waren bisher wenig da, also ist noch Manches unerforscht, neu, wild ...

Doch ich bin ja in Afrika; d. h.: erstens kommt es anders, und zweitens: als man denkt.

[9] Hier in S'mund wird eine Mole in die Brandung hineingebaut; ein Baumeister Ortloff, Ostpreusse, beim Weichseldurchstich thätig gewesen, ist Leiter. Idee ist folgende:

(Anm. d. Hrsg.: siehe nachfolgende Abbildung.)

Die Anlage ist nur für Leichter bestimmt; sie soll 1 ½ Millionen kosten und in 3 Jahren fertig sein. Man fürchtet nur das Versanden vom Swakop aus, da die Trift von S nach N geht; ob aber die hier sehr plötzliche Brandung, die sich auf dem Bodenunterschied von 20 zu 5 m Tiefe aufbäumt, und hinter der bei Weststurm der ganze Ocean steht, ob diese nicht die Molenköpfe [10] unterspült, abreisst und zertrümmert? Ich kann vielleicht mal Copien der Pläne an Vater einsenden, wenn er sich dafür interessiert.

Nächstens werde ich auch Photographien aus dem Lande aufkaufen und schicken, wenn ich nur erst zu meinem zweiten Wanderbrief komme. –

Genug für heute. Herzliche Grüsse Euch Allen, auch in Northeim und Braunschweig.

Mein nächster Brief ist wohl erst in 6–8 Wochen zu erwarten, da ich, landeinwärts gehend, die Entfernungen zum Postdampfer verdoppele.

Bleibt gesund und lasst es Euch gut gehen.

In Liebe Euer Otto.

Hier in S'rund wird eine Mole in die Brandung hineingebaut; ein Baumeister Orloff, Ostpreusse, beim Weichseldurchstich thätig gewesen, ist Leiter. Idee ist folgende

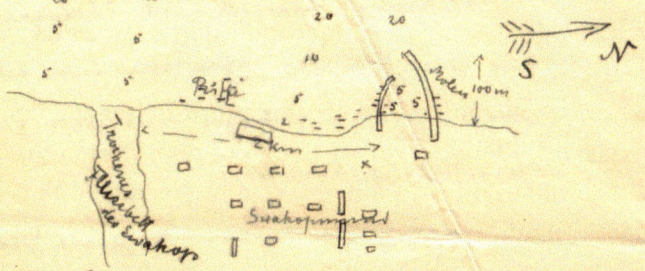

Die Anlage ist nur für Leichter bestimmt, sie soll 1½ Millionen kosten und in 3 Jahren fertig sein. Man fürchtet nur das Versanden vom Swakop aus, da die Trift von S nach N geht; ob aber die hier sehr plötzliche Brandung, die sich auf dem Boden unterschied von 20 zu 5m Tiefe auf-bäumt, und hinter der bei Weststurm der ganze Ocean steht, ob diese nicht die Molen

Abb. 7: Swakopmunder Mole Nr.1

OD-1899-04-28-SWA-Letter-06p

Windhoek 28.4.99.

Mein letzter Brief datierte „Swakopmund 2.III.99". Seither habe ich nur 100 M. pro April und eine Ansichtskarte geschickt.
Von Euch liegen vor mir die seither eingelaufenen Briefe vom 22. u. 23.I, vom 5., 6. u. 8.II., vom 15.II und 23.II, sowie noch 3 Karten vom 24.II, u. 3.III. Seit 3 Wochen ist hier durch zufällige Constellation der Postdampfer deutsche Post ausgeblieben, wodurch ich um die wahrscheinlich lange abgesandte Antwort auf meinen Februarbrief bin. Auch die in den Briefen aufgeführten Drucksachen sind vollzählig eingetroffen. Endlich habe ich die Kiste glücklich erhalten, und zwar in einem unerwartet guten Zustand, denn eigentlich müssen alle Packete in Blech gelötet werden, weil sie bei der Landung oft lange im Seewasser u. Regen liegen – was ich noch nicht wusste, als ich Euch um die Sendung bat. Also: die Heimatuniform ist tadellos sauber und glatt angekommen, [2] die Schuhe passen vorzüglich, die Hemden und Kragen kamen mir sehr erwünscht, die Decken sind leicht, warm und gross, also brauchbar, das Civil trage ich an kalten Abenden mit Vergnügen, kurz, ich bin sehr befriedigt über die Sendung, und danke Euch vielmals für die gehabte Mühe. Die Bezahlung regelt sich leicht durch meine monatlichen Heimatszahlungen, die ich vom 1.V. ab auf 150 M erhöhen werde.
Nun zur Beantwortung einiger geschäftlicher Fragen Euerer Briefe:
Rühlmanns kleine Logarithmen habe ich nicht mitgenommen, auch meines Erinnerns nicht in meine alte Bücherkiste geschlossen; vielleicht haben sie sich in Ellas Bücherschrank verirrt.
Den blauen Havelock könnte ich hier sehr gut brauchen, auch wohl meine preussische Uniform, aus der ich in Schulterbreite

und Leibumfang doch herauswachse; lohnt es nicht, sie dort zu verkaufen, so hat sie, trotz Fracht, hier für mich immer rund 100 M. Wert. Aber bitte diese Sachen bis zur nächsten Bestellung durch Spediteur Homann in 1–2 Monaten [3] zu behalten.

Aneroidbarometer, Sextant u. derlei Instrumente erbitte ich vorläufig nicht. Sollte ich je Gelegenheit zu derartigen wissenschaftlichen Untersuchungen haben, so würde das Gouvernement die Sachen liefern müssen.

Überhaupt werde ich an Neubestellungen wohl erst denken, wenn ich meine Sendung von Homann im Juni heraufbekomme. – Soviel vom Geschäftlichen.

Über Persönliches werde ich mich kurz fassen müssen, weil ich leider diesen Brief bis unmittelbar vor Postschluss verschoben habe. Dafür soll Euch ein langer „Wanderbrief" entschädigen, zu dem ich in der zweiten Hälfte des Mai Zeit zu finden hoffe.

Mit geht es gut. Meinen Ersatztransport (32 Mann) habe ich vom 11. bis 25. März trotz kleinerer Unfälle (Festregnen, Steckenbleiben der Wagen, Weglaufen der Zugochsen u.s.w.) glücklich von Swakopmund nach Windhoek heraufgebracht. Zu Ostern hatte ich dann [4] ein leichtes, aber 6 Tage anhaltendes Fieber, das ich noch für eine Reminiscenz von Neu Guinea halte. Seither bin ich mit Bureauarbeiten stark beschäftigt: Krankenpapiere für die 271 im Mai nach Hause gehenden 96ger Leute, deren 3 Jahre um sind, und Jahresrapport für 1898/99, der mich bis Mitte Mai beschäftigen wird. Eine grössere Dienstreise habe ich vor Ende Juni nicht in Aussicht, nach Swakopmund wird wohl Oberstabsarzt Lübbert selbst reiten, so dass ich ihn vertreten muss. Wenn dann im Juni der erwartete neue Sanitätsofficier eintrifft, bin ich wieder frei für Inspections- und „Kunst"reisen, bis ich auf eine einzelne Station komme, vielleicht nach Omaruru, oder Outjo (beide im Nordbezirk). Dann muss ich ungefähr auch Stabsarzt werden, leider nur

„überzähliger", weil nur 2 im Etat stehen und schon da sind, also ohne das schöne Gehalt vom 9600 M. Nun, ich komme mit meinen 7200 auch aus.

[5] Nach wie vor habe ich vom persönlichen Verhältniss zu Vorgesetzten und Kameraden nur Gutes zu berichten. Hoffentlich bleibt es so. Mit dem „Affenlande" söhne ich mich auch mehr aus, wenn ich auch nach Neu Guinea immer Heimweh behalte; aber die weiten Reisen mit ihrer Unabhängigkeit, mit ihren langen Ritten und mancherlei Naturschönheiten haben auch viel für sich. Schade, dass ich kein Jäger bin, es giebt so viel Wild hier, Antilopen und Raubwild; aber ich jage nur Bacillen und Malariaparasiten.

Meine Correspondenz schläft immer mehr ein, meist durch meine Schuld. Selbst von Otto Grunert höre ich nur wenig, aber der ist entschuldigt: verheiratet! Ich könnte mich nicht als Ehemann denken! Nur Schwester Auguste schreibt getreulich aus N.G., wo alles in Erwartung der Reichsübernahme stockt. Von Wilhelm Levin erhielt ich neulich einen Brief, habe aber nur per Karte geantwortet.

Das wäre so das Wichtigste von mir.

Das es Euch Allen anscheinend so gut geht, freut mich sehr; namentlich, dass die liebe, alte Grossmutter wieder gesund geworden. Vatern gratuliere ich besonders zur Renumeration, und danke ihm für seine ausführlichen Mitteilungen [6] über seinen Dienst. Mutter schreibt jetzt auch wieder mehr, betrachtet mich also mit besseren Augen; ihr danke ich besonders für die Mühwaltung beim letzten Packet. Ella habe ich auf einen freundlichen Brief vorläufig nur mit einer Karte geantwortet. Wisst Ihr, was mir fehlt? Euere Bilder! Lasst Euch doch mal photographieren, einzeln, nicht Gruppenbild und schickt mir die Bilder!

Und nun langsam Schluss.

Eines wird Euch noch interessieren: dass seit etwa 3 Tagen die Regenzeit plötzlich aufgehört hat, und zwar nicht wie sonst mit einem kurzen Nachsommer, sondern gleich mit Kälte und Nachtfrösten. Ja, wir haben Reif, und in den Auasbergen Eis in der Nacht! Da ist es keine Freude mehr, Tage lang zu Pferd ohne Karre zu reisen und im Freien mit einer Decke und einem Mantel zu übernachten. Nächstes Jahr lasse ich mir Pelzsachen kommen. Herzliche Grüsse an Euch, Ella, Northeim und Braunschweig! Euer Otto.

OD-1899-06-30-SWA-Poem-01p-NoVII

(Anm. d. Hrsg.: aus dem Gedichtbüchlein Dempwolffs mit 16 Gedichten aus der Zeit 05. Juli 1898 bis 10. Mai 1900)
VII.

[21] Was mir als alte Weisheit verkündet,
fand im eigensten ich begründet:
wesenlos Welt in Zeit und Raum,
Freiheit Täuschung, das Leben ein Traum.

30.6.99.

OD-1899-07-21-SWA-Letter-08p

{N⁰1}

Windhoeck 21.7.99

Liebe Eltern!

Wenigstens einige Zeilen sollt Ihr doch mit dieser Post erhalten. Ich habe sehr viel zu thun, da mein Chef seit 2, und noch auf weitere 3 Wochen auf Dienstreisen ist. Das Lazareth ist überfüllt, die Bureauarbeiten wollen auch besorgt sein und für die ganze Civilpraxis bin ich der einzige Arzt.

Wie es im Schutzgebiet und speciell in Windhoek aussieht, erfahrt Ihr aus dem „Windhoeker Anzeiger", der uns Allen viel Briefeschreiben erspart. Über mich selbst kann ich nur berichten, dass ich seit Anfang April fieberfrei bin, und auch jetzt von den grassierenden Erkältungen verschont bleibe – unberufen.

Hauptinhalt dieses Briefes ist Geschäftliches: [2] Nach meiner Berechnung schliesst mein Contocurrent bei Euch mit meiner heutigen Sendung von 100 M mit einem Plus von etwa 50 M ab; ich kann also mit gutem Gewissen Neubestellungen machen. Ich thue dies gleichzeitig vorzugsweise bei der Firma Homann-Hamburg, Luisenhof, mit deren erster, vor 3 Wochen eingetroffener Sendung ich sehr zufrieden bin. (Übrigens befand sich dabei auch Euere Kiste mit dem Havelock in sehr gutem Zustand: besten Dank!). Von Euch möchte ich mir besorgen lassen, Muttern's Anerbieten annehmend: 6 Paar baumwollene Unterhosen (Bauchumfang 100 cm, Länge aussen 110-120 cm), 6 baumwollene Unterhemden, mit langen Ärmeln, System Lahmann, Halsweite (d. h. Kragenweite) [3] 42 cm; 12 Paar baumwollene Socken und vom Schuster ein Paar schwarze Lackstiefel, mit Gummizügen, möglichst aus einem Vorstück ohne Kappen, und zwei Paar naturfarbene Halbstiefel, auch mit Gummizügen; alle wohl Fabrikwaare, aber mit

Rücksicht auf meinen hohen Spann (Überbein), namentlich rechts, ausgesucht. Eine gute Kamelhaardecke kann ich auch wieder brauchen, bitte, mit Namenszug in einer Ecke: man verbraucht hier zu Pferde sehr viel, und wird auch oft bestohlen, d. h. bei „zufälligem" Vertauschen benachteiligt. –

Dass die Straussenfedern zum Fächer unbrauchbar sind, thut mir zwar leid, es soll mich aber freuen, wenn Mutter, Ella und event. die Tanten sie zu [4] Hüten verwerten können. Bessere werde ich hier nicht bekommen, wo Strausse nur auf Jagd erlegt werden, vielleicht später mal in Capstadt, wo man Strausse züchtet, wenn ich in 2 Jahren über diesen Platz heimreise. Denn heute bin ich gerade 1 Jahr, d. i. ein Drittel der ganzen Verpflichtungszeit, in der Schutztruppe.

Indem ich aus Eueren lieben Briefen, die vom 18.3 bis 1.6 unbeantwortet vor mir liegen, einige Anfragen herausgreife, will ich zunächst die postale Frage erörtern.

Vor allem ist das Porto mit uns gleich dem deutschen Inlandsporto ermässigt worden. Zweitens ist unsere Dampferverbindung zwar häufiger, [5] aber auch unregelmässiger als früher. Aus beiden Gründen empfiehlt sich für Euch, alle Sendungen, auch Drucksachen, ohne Leitvermerk (via „Southampton" oder „mit direktem Dampfer") aufzugeben, und zwar so bald als jeweils möglich, ohne sie aufsammeln zu lassen. Endlich schlage ich vor, um die langweiligen Wiederholungen über abgesandte und inzwischen angekommene Postsendungen zu vermeiden, von jetzt ab unsere Briefe und Postkarten zu nummerieren (die Zeitschriften sind es ja so wie so), so dass z. B. dieser Brief N⁰ 1 ist, meine Postanweisung N⁰ 2, eine etwaige Karte vom 31.J N⁰ 3, eine solche vom 17.8 N⁰ 4, – so dass Ihr nur zu schreiben braucht, N⁰ 1, 2 und 4 sind angekommen, wo ist N⁰ 3 geblieben?

[6] Im selben Sinne bitte ich Euere geschriebenen Postsendungen an mich, Briefe und Karten, laufend zu nummerieren.

Einen Code für Depeschen werde ich später ausarbeiten, er wird erst Sinn haben, wenn wir auch einen Überlandtelegraphen von Swakopmund nach Windhoek besitzen werden; bisher reicht er nur bis zur jeweiligen Bauspitze der Bahn, von wo Depeschen hierher durch Reiter heraufgebracht werden. –

Ich sende anbei eine Nummer des Kolon. Jahrbuchs, worin ich den Artikel veröffentlicht, für den 30 M bei Vatern eingegangen sind. Ich glaube jedoch, derselbe ist bei Vatern schon direkt vom Verleger zugegangen. Seit ich hier bin, habe ich nichts publiciert.

[7] Unter allen Eueren Erlebnissen, die Vater so humoristisch zu schildern versteht, hat mich nichts mehr erfreut, als dass Ihr Euch meiner Freunde so gastfrei angenommen habt, und namentlich, dass Ihr am kleinen Pavlovic Gefallen gefunden habt.

Ich kann sonst nicht auf Alles eingehen, sondern Euch nur wiederholen, dass mich jede Kleinigkeit aus Euerem Leben mehr interessiert, als ich Euch meine Erlebnisse interessant machen kann. Übrigens, mein Wanderbrief wird jetzt zu einem Jahresbericht werden, denn zu Papier kommen muss er, sobald der Oberstabsarzt heimkommt, und mich entlastet. Vielleicht muss ich auch im August einen Demonstrationszug nach dem Osten mitmachen, [8] den Oberstleutnant Leutwein analog seinem vorigjährigen Südzug unternehmen will. Dann käme ich zum 3. Male nach Gobabis. –

Genug für heute. Lasst es Euch Allen gut gehen, grüsst die liebe alte Grossmutter, Ella, die Tanten und den Onkel! Euch selbst die herzlichsten Grüsse!

Euer Otto

OD-1899-07-28-SWA-Poem-03p-NoVIII

(Anm. d. Hrsg.: aus dem Gedichtbüchlein Dempwolffs mit 16 Gedichten aus der Zeit 05. Juli 1898 bis 10. Mai 1900)

VIII.

Der Arzt spricht:

[22] Zu Ende geht's. Der Wangen Rot
lügt Leben nur. Ich schau den Tod
aus diesen weiten Augen blinken.
Der Kranke möchte schrein; ins Ohr
klingt Röcheln nur. Er strebt empor,
und fühlt sich kraftlos rückwärts sinken.

[23] Er will nicht sterben. Doch im Kreis
sieht er die Freunde, mitleidheiss,
hilfloses Schluchzen kaum verhehlen.
Zu mir, dem Arzt, sein Auge rollt,
als ob ich Rettung schaffen sollt,
und endlich aufhören, ihn zu quälen.

[24] Da liest er seinen Todesspruch
aus unseren Mienen. Und ein Fluch
verzerrt sein Antlitz, krampft die Hände.
Irr wird sein Blick. Nacht flort ums Hirn.
Der Mund knirscht Schaum. Schweiss deckt die Stirn.
Der Atem stockt. – Es ist zu Ende.

28.7.99.

OD-1899-09-21-SWA-Postcard-02p

N 10
Gobabis 21.9.99.

Liebe Eltern!
Gestern von der Expedition gegen die Ovābandjeru (*Anm. d. Hrsg.: Ovambandjeru*) hierher zurückgekehrt, fanden wir wieder deutsche Post vor, darunter Vaters Briefe vom 21. u. 27. Juli sammt Drucksachen und Photographien von Euch u. Ella. Herzlichen Dank für Alles! Namentlich Vater ist sehr gut getroffen, Mutter so nachdenklich, Ella immer englischer ... Es freut mich, dass es Euch gut geht.

Unser Zug hat ohne Waffenanwendung zu dem besten Resultat geführt: der aufsässige Hererokapitain Traugott hat seine Gewehre ausgeliefert und muss nach Okahandya (dicht bei W'hk) ziehen, sein Vater Tetjoo *(Anm. d. Hrsg.: Tjetjo?)* soll 1000 Rinder Kriegskosten zahlen. –

Das Expeditionskorps wird dieser Tage aufgelöst, die Batterie geht direkt nach W'hk, die Hälfte der Komp. bleibt hier, die andere soll mit Oberstleutn. Leutwein nach Aminuis reiten, ich mit. Es ist ungefähr dieselbe Tour, die ich im vorigen November allein gemacht. Gesundheitszustand sehr gut, entsprechend der günstigen (Frühlings-) jahreszeit.

Mitte October aus Windhoek bestimmt Brief.

Herzliche Grüsse!
Otto.

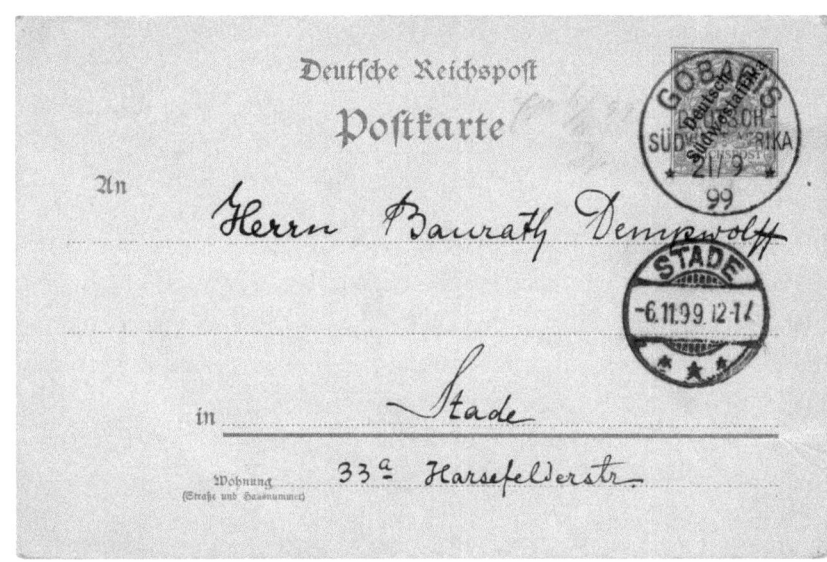

Abb. 8: Postkarte vom 21.09.1899 (Vorderseite)

Abb. 9: Postkarte vom 21.09.1899 (Rückseite)

OD-1899-09-30-SWA-Postcard-02p

N° 11

noch immer Gobabis 30.9.99.

Liebe Eltern! –

Ein Eilbote nach W'hk giebt Gelegenheit, diese Zeilen mitzuschicken. – Das Expeditionskommando, das schon aufgelöst war u. auf 3 Wegen nach W'hk zog (ich via Epukiro) ist wieder nach Gobabis zusammenberufen worden, da sich erneut in einzelnen Herero „werften" (d. h. „dörfern") Aufsässigkeiten gezeigt haben sollen. Wir werden nunmehr wohl gemeinsam u. zwar auf etwas nördlichen Wegen nach W'hk ziehen u. erst gegen Ende des Monats dort eintreffen. Aber zur Waffenanwendung wird es wieder nicht kommen; die Kaffern verlieren angesichts unserer Rohre jeden Schneid und „stänkern" nur hinter dem Rücken herum.

Seit meiner letzten Karte N° 10 ist keine Post mehr eingetroffen; ich erwarte solche auch erst in W'hk vorzufinden. Hoffentlich ist es nur Gutes, was ich von Euch zu hören bekomme. –

Mir geht es gut; der allgemeine Gesundheitszustand ist vortrefflich. Gestern nacht kam unter Gewitter der erste Regen herunter: es giebt hier im Osten im Sept/Oct eine „kleine" Regenzeit, die in W'hk auszubleiben pflegt. Übrigens noch eins: Geld kann ich erst aus W'hk aus schicken, da hier kein Postanweisungsverkehr. –

Herzl. Grüsse an Euch Alle!

Euer Otto.

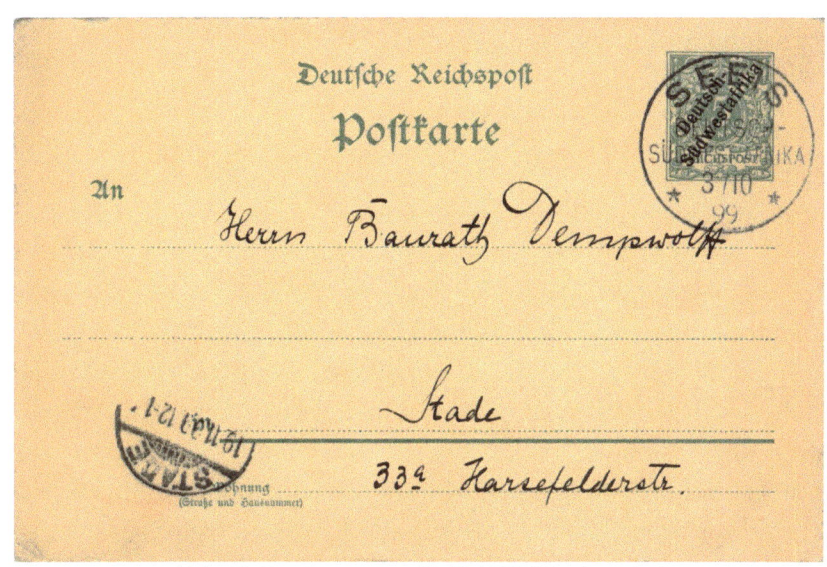

Abb. 10: Postkarte vom 30.09.1899 (Vorderseite)

Abb. 11: Postkarte vom 30.09.1899 (Rückseite)

OD-1899-11-08-SWA-Letter-21p

Windhoek, 8.11.99.

Liebe Eltern!

Vor mir auf meinem grossen Schreibtisch stehen in Glas und Rahmen Euere und Ellas Bilder, und mahnen mich täglich, endlich an Euch zu schreiben. Die Bilder sind gut; Vater sieht gerade so aus, wie er mir unverändert seit frühester Kindheit in Erinnerung steht, mit dem feinen weichen Vollbart, der glänzenden kahlen Platte, und dem freundlichen, guten Gesicht. Mutter ist recht gealtert und macht so grosse, sorgenvolle Augen, dass man nur aus dem Lächeln um den feinen Mund merken kann, wie gut sie doch ist. Mutter ist früher [2] sehr hübsch gewesen, trotzdem erkennt Jeder die Ähnlichkeit mit mir auf den ersten Blick. Ellas kleines Bild erzählt mehr von der Schneiderin und Friseuse, als vom inneren Leben; nur der fragend traurige Zug, den ihre früheren Bilder zu haben pflegten, ist fast ganz von einem ungezwungenen Lächeln verschwunden.

So steht Ihr alle Drei vor mir, und hört mir zu – schade, dass Grossmutter nicht auch im Bilde dabei ist; heute, an ihrem Geburtstage, begegnen sich unser Aller Gedanken öfter als sonst.

Mich bekommt Ihr in zwei oder drei Gelegenheitsbildern abgemalt: N$^{\underline{o}}$ 1 ist im Sept. vorigen Jahres aufgenommen, als Regierungsrat von Lindequist auf Urlaub ging; N$^{\underline{o}}$ 2 und 3 sind vor einigen [3] Tagen auf der Veranda des Casinos gemacht, als wir zu dritt einen vergnügten Frühschoppen machten.

Ich füge noch eine Reihe anderer Bilder aus dem mir bekannten Teile des Landes hinzu; auf der Rückseite ist die Bedeutung in Blei vermerkt. Gleichzeitig erhaltet Ihr auch ein kleines Postpacket, dass mein Weihnachtsgeschenk darstellt: eine Decke aus Jakalfellen. Es ist dies eine Hausindustrie der besseren Eingeborenen: ihre grossen Hunde fangen und würgen die Jakale, sie selbst gerben das Fell mit Säften hiesiger Steppenpflanzen, alte Frauen nähen endlich mit Darmsaiten die Felle zu einer „Komberse" zusammen. Solche Decken sind sehr warm, und geben u. a. gute Schlittendecken im Winter; [4] ich hatte gedacht, Mutter könne sie zum Nachmittagsschläfchen auf der Chaiselongue gebrauchen. Die Decke wird für den europäischen Geschmack noch weich gefüttert werden müssen; das ist hier nicht zu machen. Tierfelle zur Dekoration, wie Mutter sie sich wünscht – es kommen nur Löwe und Panther in Frage – sind zur Zeit nicht zu haben, es geht damit hier ähnlich, wie mit den Paradiesvögeln auf Neu Guinea: sie sind auf dem europäischen Markt billiger, besser und häufiger als hier, weil sie in unserer Kolonie fast ausgerottet, nur noch im englischen Gebiet um der Felle willen gejagt werden.

Für Ella habe ich ein kleines Buch bestellt; Straussenfedern sind besser, als ich sie gesandt, nirgends zu haben. [5] Für Otto Grunert schicke ich nun nachträglich eine ähnliche Jakaldecke, wie für Euch, indem ich auf die Idee eines Straussenfederfächers ganz verzichte.

Ich hoffe, alle diese Sendungen werden zwischen Neujahr und Weihnachten in Deutschland ankommen und Euch Alle in fröhliche Feststimmung antreffen. –

Seit Monaten habe ich nur Postkarten, seit Wochen garnichts mehr an Euch geschrieben, da muss ich zunächst nachholen, Euere Briefe usw. zu beantworten.

Das System laufend nummerierter Briefe, Karten usw., das ich Euch im Juli vorschlug, hat sich nicht bewährt: als ich auf der Ostreise weder Copie- noch Tagebuch zur Hand hatte, wusste ich nie genau, welche Nummer die letzte gewesen war. Ich kehre deshalb zur pedantischen, aber sicheren Methode genauer Aufzählung zurück.

[6] Vor mir liegen Mutters Brief vom 20. August, und von Vater Briefe vom 19.7., vom 21.7., vom 27.7., vom 20.8. (beendet 23.8.), vom 29.8. (N° 1), vom 16.9. (N. 4) und vom 24.9. (N. 8), sowie Postkarten vom 11.7, 13.7. und 21.9 (N. 6 u. N. 7). Auch alle in den Briefen erwähnten Drucksachen sind angekommen, nur der Kolon. Kalender 1900 nicht, er wird wohl in den Packeten sein. – Besten Dank für Euere vielen und lieben Nachrichten, die die Dürftigkeit meiner spärlichen Postkarten recht beschämen!

Was gleich die Packete betrifft, so hat mir Homann schon Copie der Faktura geschickt, so dass ich annehme, die ganze Sendung lagert seit Ende October in Swakopmund, und wird noch in diesem Monat in Windhoek per Frachtwagen eintreffen. –

Von meinen Karten weiss ich nicht mehr, wie viel ich während des Ostzuges abgeschickt habe; Briefe waren seit Juli nicht mehr dabei. Geld – 200. – habe ich zuletzt am 2. Novemb. aufgegeben.

[7] Was zunächst meine Beförderung zum Stabsarzt betrifft, so erfolgt sie ganz in der Reihe, nur war mir früher unbekannt gewesen, dass diese Beförderung so schnell – fünf Jahre nach dem Officier werden – erfolgt. Dafür muss man zum Oberstabsarzt II. Kl. (mit Majorsrang) nicht 6–7, sondern 10 Jahre warten – wenn man so lange aushält. In eine etatsmässige Stelle aufzurücken, habe ich keine Aussicht, da es deren nur 2 giebt, die beide auf noch mindestens 2 resp. 2 ½ Jahre fest besetzt sind. Sollte eine neue geschaffen werden, so kann sie frühestens in den Etat für 1901/1902 eingestellt werden, und dann muss sie noch erst vom Reichstag genehmigt werden. Dann aber, April 1901, kann ich schon auf Urlaub kommen. Also mit 2400 M mehr und gar sparen ist es Essig. Ich will froh sein, wenn ich auskomme. [8] Am 1. ds. Ms. schicke ich 200.– M, so dass ich jetzt 400.– rund zu Gut habe. Ausser bei Homann habe ich nur bei Euch (wie viel?) und bei Tippelskirch

(für rund 200.– M) Bestellungen gemacht, deren Wert ich etwa bis 1.4.1900 abgezahlt haben werde. –

Als Weihnachtsgeschenk von Euch betrachte ich Euere lieben Bilder und das Zeitungsabonnement. Doch wünsche ich, dass Ihr Echo, Zukunft u. Prometheus (die „Gesellschaft" ist eingegangen) zuerst erhaltet, lest, Notizen an den Rand macht, und so nicht nur selbst etwas davon habt, sondern auch dadurch mit mir kleine geistige Gedanken austauscht. –

Die Unannehmlichkeiten, die Vater auf seine alten Tage vom Dienste hat, den Abgang Himlys, die Affaire Inzi. u. Cons. u.s.w. – werden nun bald [9] ein Ende haben, wenn er in Pension geht. Übrigens sind sie wohl nicht so schlimm, wie die Jahre in Memel. Aber womit will Vater sich dann hauptsächlich beschäftigen, über wen schelten, über wessen Schwach- und Dummheiten spotten? Ob er sich etwas auf Kolonialpolitik legen mag, da sein Sohn so ganz darin aufgeht? Oder ob er versuchen wird, zu schriftstellern? Ich bin recht gespannt auf die ersten Briefe aus Hannover. Eine tüchtige Hausfrau, wie Mutter, behält ihren Wirkungskreis allenthalben, sie wäre auch hier in Afrika dieselbe, wie daheim. –

Einen jungen Memeler, namens Fröhlich, 23 J. alt (der Vater anpumpen wollte), kenne ich nicht.

Zu Ogilvies Silberhochzeit habe ich einen Glückwunsch am 17.7 per Postkarte [10] geschrieben. –

Über Bauinsp. Rohders Versetzung nach Nakel wusste Baumeister Ortloff genaueres. Ich habe das Detail vergessen, ich glaube, er ist einen jungen Regierungsrat grob geworden, den wiederum sein Präsident gedeckt hat (Juristen contra Techniker).

Auch von Hugo Sommer habe ich hier Genaueres vor einigen Monaten durch Otto Grunert erfahren: er ist verschollen, man vermutet Selbstmord im Rhein; Motiv schmerzhafte unheilbare Krankheit (Ischias). Das mag dem Vater das Herz gebrochen haben. –

Die im Mai auf der Rhede von Swakopmund oder Lüderitzbucht Ertrunkenen waren 3 Soldaten und der Schiffsarzt des „Lothar Bohlen", keine Sanitätsofficiere.

[11] Unsere Bierkarte an den Stammtisch im „Siechen" hat die Runde durch die ganze Presse gemacht. Dass gerade mein Name mitgedruckt ist, mag an seiner Leserlichkeit gelegen haben; die miserablen Verse sind nicht von mir. –

Für die Karte vom Bahnhofsstammtisch besten Dank; in unserem Casino wechseln die Mitglieder im Lauf der Monate derart, dass fast Niemand sich mehr an unsere eigene erste Karte erinnerte.

Die Grüsse des Landrates Gzager aus Lehe gelten einem Hrn. Boysen, mit dem ich im Juli 98 zusammen heraus fuhr. Ich habe sie neulich bestellt. Er ist ein altes Rauhbein, hat aber hübsche Frau und Tochter und macht grosses Haus, wird auch zuweilen ins Casino eingeladen. Ich verkehre nicht bei ihm, wie überhaupt nur in Officiers- u. Beamtenfamilien [12], wo ich mich nicht von drücken kann. –

Dabei fällt mir ein: sind Euch bekannt: 1.) Oberstleutnant Gerding, Kommandeur eines Eisenbahnregiments, jetzt hier zur Begutachtung unserer Bahn. 2.) General Mejer (sprich Me – jer), Jäger, bei Langensalza verwundet, früherer Vorgesetzter von Major Mueller, der von ihm oft erzählt. Beide sind nämlich Hannoveraner. –

Auf einen jungen Mann, namens Uhlhorn, den ich in Swakopmund behandelt haben soll, kann ich mich nicht besinnen. Es ist aber wohl möglich: wie soll man alle Namen behalten? –

So, das sind wohl die wichtigsten Fragen und Notizen aus Eueren Briefen. Heute abend will ich Euch noch ein Bischen von mir erzählen: jetzt muss ich in den Dienst.

[13] Ich halte noch immer an dem Entschluss fest, den jetzt auf 30 Quartseiten gediehenen „Wanderbrief" zu beenden, und ich

bin deshalb wenig zu ausführlichen Berichten geneigt. Aber wann dies sein wird, weiss ich noch nicht. Während des Ostzuges, wo ich viel Zeit hatte, war es nicht möglich, auf Pferderücken oder unter der Ochsenkarre Briefe zu schreiben, und jetzt habe ich sehr viel zu thun.

Der Ostzug war im Grunde recht langweilig, weil die ganze Truppe – 140 Mann, etwa 200 Pferde und ebensoviel Ochsen – nur schwerfällig vorrückte, weil Alles ungemein friedlich ablief und weil speciell für mich es wenig Arbeit gab, da kein Mensch krank werden wollte. Die einzige unerwartete Episode war eine recht unerquickliche Geschichte. Sie wird wohl in die Presse kommen, vielmehr ist schon [14] in einer Notiz des W'hker Anzeigers ange-deutet, so dass ich Euch auch davon erzählen kann. Der Prinz von Arenberg, der seit einem Jahr als Leutnant à la suite unserer Truppe steht, hatte mit fünf Mann die Station Epukiro unter sich (Epukiro liegt 100 km nördlich von Gobabis). Im Anschluss an die kleinen Revolten, die den ganzen Ostzug veranlassten, wurde ihm von Farbigen, die er für glaubwürdig hielt, gemeldet, dass der Eingeborenenpolizist Willy Kain, Halbblut eines Engländers und einer Negerin, den Rückmarsch der Truppen benutzen wolle, um mit einigen Hundert Stück Vieh über die englische Grenze zu ge-hen. Der Prinz, thatendurstig (denn um etwas „zu erleben", war er herausgekommen), [15] sehr vorschnell und unüberlegt, eilte dem Willy Kain mit vier Leuten nach, besetzte seine „Werft" (d. h. Dorf), nahm ihn selbst gefangen und, anstatt nun mehr sich vom Gouverneur weitere Ordres zu erbitten, versuchte er, allein die Untersuchung zu beenden und glaubte wohl eine grosse Ver-schwörung aufdecken zu können. Dann hat er sich von einer Dummheit in die andere verrannt, und sich geradezu zu Gemein-heiten hinreissen lassen. Er versuchte den Willi Kain zum Ge-ständniss zu zwingen, glaubte sich dann von dessen Leuten

(Farbigen) bedroht und nahm ihnen die Waffen ab, stellte Kreuz-
verhöre an, und, als schliesslich Willy Kain einen Fluchtversuch
[16] machte, liess er ihn durch den Posten niederschiessen und –
nun kommt das moralisch unentschuldbare, aber vielleicht aus
der Situation zu erklärende – gab den Zusammengebrochenen
den Todesstoss. Als dann wider sein Erwarten die Werft nicht re-
voltierte, sondern feig und still blieb, da erst kam er wohl zur Er-
nüchterung und machte nun, was er längst hätte thun müssen,
Meldung an Leutwein. Der blieb ruhig, befahl die Truppe nach
Gobabis zurück, liess Protocolle aufnehmen und jetzt nach Rückkehr hierher das Kriegsgericht über den Prinzen zusammentreten.
Dessen Urteil bleibt nun unbekannt, bis der Kaiser [17] es bestätigt
oder verwirft. Da diese Entscheidung erst in Monaten eintreffen
kann, so ist Arenberg nach Hause beurlaubt und reist mit dem
nächsten Dampfer nach Deutschland.

Die ganzen Details dieser „Ermordung" sind natürlich überall bekannt, und Leutwein hat von vornherein als Grundsatz ausge-
sprochen, dass man bei diesen „Kolonialskandal" nichts vertu-
schen dürfe. Aber während die weisse Bevölkerung sich in Ent-
rüstung ergeht, dass ein Prinz (!) so Abscheuliches begangen, haben wir, die wir den inneren Zusammenhang besser zu erkennen
glauben, von Anfang an – Leutwein an der Spitze – eine kamerad-
schaftliche Behandlung des sehr zerknirschten und mit Selbst-
mordideen [18] umgehenden Prinzen geübt. – Wenn Ihr also in
Zeitungen oder im Reichstag hört, dass auch Südwestafrika jetzt
seinen „Skandal" hat, so seid Ihr orientiert. Ich brauche Euch Dis-
kretion für diesen Brief wohl nicht noch besonders ans Herz zu
legen. –

Das war also der Ostzug. Nach Windhoek zurückgekehrt, fand
ich eine Arbeitsfülle, besonders im Bureau, vor, die hart auf mir
lastet. Mein guter Chef, der Oberstabsarzt, ist schon lange

kränklich, so sehr er sich auch bemüht, es zu verheimlichen, weil er, mit Frau und zwei Kindern behaftet, sich vor der Pensionierung fürchtet. Endlich [19] ist er jetzt soweit, dass er zur Erholung eine mehrmonatliche Reise im Nordbezirk antreten will, während der ich ihn wieder vertreten muss. Mir erwächst nicht nur viel Arbeit dadurch, sondern das ganze Verhältniss ist auch recht peinlich, da ich als Arzt durchschaue, wie schwer krank er ist, wie seine Sorgen trotz aller erkünstelten Fröhlichkeit auf ihm lasten, wie er sich selbst vor dem Ausgang seiner Krankheit – ein langwieriges Nervenleiden – ängstigt, und ich doch als der Jüngere, als der Untergebene, als sein Vertreter so wenig auf ihn einwirken kann, so garnicht zum Urlaub, zur Heimreise ihn drängen darf. – Mir ist dieser Posten als „Arzt für den Aussendienst" schon lange über, weil ich so wenig zum [20] Aussendienst komme. Ich betreibe deshalb meine Versetzung in die nächste offene Stelle, das ist zum Januar nach Outjo. Doch halte ich mir dabei immer das Alte: „den erstens kommt es anders, und zweitens als man denkt" vor; ich bin Fatalist.

So, nun habe ich Euch doch auch einmal über mich geschrieben, was Ihr so gern hören wollt, und wovon ich so ungern spreche, weil alles Mitteilen so nutzlos ist, da ich doch allein mit mir fertig werden muss, und die Thatsachen viel schneller schreiten, als Antwort, und Urteil und Rat eintreffen können.

Damit genug für diesmal. Das ich gesund bin, ist selbstverständlich. [21] Von Euch hoffe ich das Gleiche.

Ich bitte, alle Bekannten bestens zu grüssen.

Euch Allen, in Stade, Hannover, Northeim und Dannenberg meine herzlichsten Wünsche für ein fröhliches Weihnachtsfest und ein glückliches Neujahr!

Euer Otto.

Abb. 12: Otto Dempwolff 1899

OD-1899-11-29-SWA-Letter-03p

Windhoek 29.11.99.

Liebe Eltern!
Seit meinem letzten Brief vom 9. ds. Ms. habe ich von Euch keine weiteren Postsachen erhalten. Dagegen sind gestern per Fracht die ganzen im Sept. aus Deutschland abgegangenen Kisten von Homann hier eingetroffen. Alles ist unverletzt angekommen, nur 4 Fl. Cognac fehlen, d. h. 2 fehlen, 2 sind zerbrochen. Das ist relativ günstig. Eure Sendung ist vollzählig dabei: vielen Dank für dieselbe, und namentlich für die Mühe, die Mutter sich mit den Namenzeichnungen gemacht hat. Ich vermisse nur die Rechnung. Diesmal habe ich neue Wünsche an Euch, und zwar bitte ich, dieselben zu effectuieren, und als Postpacket, ohne Versicherung, mit direktem deutschen Dampfer an Dr. D. [2] nach Swakopmund zu schicken. Hierbei nehme ich an, dass das Packet 5 kg nicht übersteigen wird. Ich bitte um: 50–100 Visitenkarten, lithographiert, wie beifolgende Probe, nur mit „Stabsarzt"; 1 Dtzd. Taschentücher mit O.D. gezeichnet, weiss; 2 Taschentücher à 6–8 M; 1 lange Papier-, 2 gekrümmte Nagelscheren; 2 kleine Kämmchen zur Schnurrbartbinde (Eitelkeit! ei! ei!); eine Streichholzbüchse; endlich je einen Kolonial- und Lauterbach'schen Abreisskalender – das ist Alles.
Nach Swakopmund erbitte ich auch bis auf Weiteres Briefe usw. Wahrscheinlich nämlich werde ich im Januar daselbst den Regierungsarzt Dr. Richter vertreten, und von Februar ab nach Outjo (Nordbezirk) versetzt werden. Es entspricht das meinen lange gehegten Wünschen, aus der „Garnison" Windhoek hinauszukommen, aus der Kleinstadt aufs Land, näher der Natur, der Wildniss, dem Aequator und der Malaria. Im Hinblick darauf sind auch [3] meine „laufenden Bestellungen" bei Homann aufgegeben.

Diese geschäftliche Sache ist der Hauptzweck dieser Zeilen.
Somit geht es mir gut. Seit 3 Wochen bin ich allein hier am Platz,
d. h. als Arzt, aber es ist leidlich gesund, so dass ich endlich etwas
aufatme und an Briefschreiben, z. B. Neujahrsgratulationen an
alte Bekannte denken kann.
Euch geht's doch auch gut? Einschliesslich Ella's, Grossmutters
u.s.w.
Übrigens nochmal herzliche Glückwünsche zum neuen Jahre –
für Vater das letzte Dienstjahr!
Mit vielen herzlichen Grüssen
Euer Otto.

Die „25 Pf. marke" ist eine Seltenheit; es sind davon nur 800 mit
Überdruck gedruckt u. nur etwa 400 ausgegeben. Bitte an Tante
G. zu geben!

OD-1899-12-27-SWA-Poem-06p-NoXIII

(Anm. d. Hrsg.: aus dem Gedichtbüchlein Dempwolffs mit 16 Gedich-
ten aus der Zeit 05. Juli 1898 bis 10. Mai 1900)
XIII.
Zukunftsmusik

[36] Dur.

Mein Liebchen hab ich die Ehe versprochen.
Hochzeit ist in den nächsten Wochen.
Wir feiern sie still im engsten Kreise,
gehen dann gleich auf die Hochzeitsreise,
[37] nach Schweden, Madeira, oder sonst irgendwo,
nur allein mit ihr. Oh, wie bin ich froh!

Das Lachen lass ich den Freunden allen,
dass der Weiberfeind endlich hereingefallen.
Sie hat, was ich nie mehr hoffte im Leben,
den Glauben an Liebe mir wiedergegeben.

[38] Hört diese Liebe denn nimmer auf?
Ich weiss wohl: es ist der Dinge Lauf,
sie wird erkalten in ein Paar Jahren.
Bringt erst der Storch uns Kinderschaaren,
welken die Rosen auf ihren Wangen,
lischt auch Herzen aus das Verlangen.
Dann ist es Strafe, dem Leichtsinn zu gönnen,
nie mehr von einander zu können.

[39] Alles das will ich getrost dann tragen,
um jetzt das Glück von wenigen Tagen
voll und ganz und rein zu geniessen:
mein Liebchen als Frau in die Arme zu schliessen.

[40] Moll.

Ich bin gefahren
wohl über manch Meer,
in jungen Jahren, –
lang ist es her:
hab jauchzend mein Leben genossen.

[41] Jetzt heiss ich Philister,
hab Weib und Kind,
langweilig und düster
mein Leben verrinnt –
ach, wär es zu Ende verflossen!

27.12.99.

OD-1900-01-13-SWA-Letter-04p

Outjo 13.1.1900.

Liebe Eltern!

Am 22.12 habe ich Windhoek verlassen und bin über Otjimbingwe und Omaruru hierher gereist; am 6.1. kam ich an: es geht langsam hierzulande mit den schwerfälligen Ochsenwagen.

Den Bezirkshauptmann, Oberleutnant Franke fand ich nicht vor; er wird erst zu Kaisers Geburtstag aus Zesfontein (NWecke der Kolonie) zurückerwartet. Mein Vorgänger, Dr. Dammermann, [2] ist gestern, der einzige Leutnant von Estorff vorgestern abgereist, so dass ich jetzt der einzige Offizier am Platze bin. Es ist wenig zu thun, da die Regen- und Fieberzeit noch nicht begonnen hat, ich atme auf und merke jetzt erst, welche ungewöhnliche Arbeitslast der jeweils einzige Arzt in Windhoek zu bewältigen hat. So werde ich hier auch zu etwas ausführlicherem Briefschreiben kommen – wenn ich ein bischen mehr eingelebt sein werde.

Gesund bin ich, wie eben seit vielen Jahren nicht: das ist die beste Eigenschaft dieses Pavianlandes.

[3] Meine letzten Briefe datierten vom 8.11 und 29.11.1899; Vaters letzte vom 24.10 und 15.11; ich erhielt dieselben unmittelbar vor meiner Abreise von Windhoek und werde, da die Nachsendung der Post immer 3 Wochen dauert, Euere nächsten Schreiben stark verspätet erhalten.

Übrigens schicke ich gleich nach meiner Ankunft hier, sowie ich mein Gehalt erhoben, 200 M per Postanweisung, die mit dieser selben Post bei Euch ankommen müssen.

In Beantwortung einiger Fragen in Vaters Brief teile ich Euch mit, dass die erste Wellenbadschaukel mir [4] zu klein war, weshalb ich eine zweite, grössere nachkommen liess. Die erste verkaufte ich dann zu ⅔ des Preises. Dr. Reinhard aus Ostafrika habe ich

flüchtig im Juli 98 im auswärtigen Amt kennen gelernt. – Für die Buren in Transvaal schwärmt hier auch Alles, noch mehr sind die Engländer verhasst. Ich kann kaum das letzte Gefühl teilen, für die Buren eine zurückgebliebene rohe und ganz ungebildete Nation habe ich wenig übrig. – –
In 14 Tagen schreibe ich mehr.
Viele Grüsse an Euch Alle!
Otto.

OD-1900-01-21-SWA-Letter-08p

Outjo 21.1.1900.

Liebe Mutter!
Wenn dieser Brief überall den richtigen Postanschluss erreicht, so kann er gerade am 7. März in Stade ankommen, und Dir meine herzlichsten Glückwünsche zu Deinem Geburtstage bringen. Das nächste Lebensjahr wird Dir voraussichtlich manche Aufregung und Arbeit bringen, durch Vaters Pensionierung und Eueren Umzug nach Hannover; mögest Du in Allem Deine Wünsche in Erfüllung gehen sehen, und Du recht gesund bleiben!
Wenn ich auch jetzt nur selten direkte Nachricht von Dir bekomme, so bin ich doch auch für das Wenige dankbar; zuletzt habe ich von Dir und Tante Guste eine gemeinsame Karte vom „Brunnen" erhalten, und aus dem [2] Bilde gesehen, dass die Gegend sich in den letzten Jahren nicht geändert hat.
Mein letzter Brief ist vor acht Tagen weggegangen; Euer letzter hier angekommen datiert vom 15.11.99.
Ich bin heute genau 15 Tage in Outjo, und lebe mich allmählich ein. Da Oberleutnant Franke noch nicht zurück ist, so geniesse ich köstliche Einsamkeit, brauche ausserdienstlich mit Niemanden zu

reden, habe viel Zeit für mich und reite, lese, schreibe, arbeite, esse, schlafe wie und wann ich Lust habe. Outjo ist sonst gerade kein Platz zum Vergnügtsein, eine ärmliche Natur, die durch das Einsetzen der Regenzeit seit dem letzten Vollmond nicht gerade verschönt wird, dazu sehr mässige Kost und augenblicklich kein Tropfen Alkohol, keine Flasche Bier im ganzen Nest aufzutreiben. Wenn nicht in den nächsten Tagen [3] eine erwartete Sendung für die Kantine kommt, wird es eine trübselig-trockene Kaisersgeburtstagfeier werden.

Trotzdem gefällt es mir hier vorläufig, und ich habe ja gerade noch ein Jahr vor mir, ehe meine Verpflichtungszeit abläuft; denn auch die vier Monate Heimaturlaub, welche mir von März bis Juli 1901 zustehen sowie die 1 ½ Monate Heimreise vorher fallen noch in die drei Jahre hinein. Möglicherweise verlängere ich auch meine Dienstzeit um nochmals drei Jahre (worüber ich bis November d. J. Meldung einreichen muss), dann kann der Urlaub verlegt werden; möglicherweise nehme ich auch schon früher meinen Abschied, wenn mir Etwas in die Quere kommt, wie mein Vorgänger hier in Outjo, Dr. Dammermann thut, der als Civilarzt und Ansiedler („Farmer") wieder herauskommen will. Ich muss [4] an diese Eventualität gerade jetzt denken, wo ich im Oberleutnant Franke einen Mann vor mir habe, mit dem noch keiner in Güte auseinandergegangen ist. Dazu ist meine Stellung hier recht schwierig, weil ich im Range als „Stabsarzt" höher bin als der „Oberleutnant", für die rein militärischen Angelegenheiten aber ein Unterordnungsverhältnis besteht.

Wie ich über mögliche Schwierigkeiten immer rechtzeitig nach Hause geschrieben habe – mit Rüdiger, aus der sich später sogar ein freundschaftliches Verhältnis entwickelte, und mit von Hagen, die zum Bruch führte – so thue ich es auch jetzt. Ihr braucht Euch aber darum kein Kopfzerbrechen zu machen, ich hoffe Euch schon bald schreiben zu können, dass Alles gut geht, denn, wie es heisst, muss Franke doch bald auf Gesundheitsurlaub.

[5] Einen Vorteil scheint Outjo zu haben: ich kann billiger leben als in Windhoek, weil nicht so viel – z. Zt. gar keine – geselligen Verpflichtungen bestehen. Und ich habe nötig, mich einzurichten, um mir meine Bestellungen in Deutschland nicht über den Kopf wachsen zu lassen, sondern rechtzeitig bezahlen zu können. Mit meiner letzten Sendung von 200.– M ist ungefähr Alles gedeckt, was ich bisher erhalten habe. Denn bei den langsamen Speditionsgeschäften im Lande habe ich die im November von Hamburg abgegangene Sendung noch nicht erhalten, und kann die jetzt abgehende erst im April erwarten, die jetzt bestellte erste im Juni. Übrigens habe ich wieder bei Tippelskirch Drelluniformen u.s.w. bestellt; die Rechnung von c$^{\underline{a}}$ 200 M braucht aber erst im October bezahlt zu werden.

[6] Da ich beim „Geschäftlichen" bin, noch schnell eins: die 200.– M Zinsen pro 1899/1900 zahle ich am 1.2 ein, so dass sie jedenfalls zum Termin 1.4 in Eueren Händen sind.

Mit meiner Versetzung nach Outjo habe ich es auch insofern glücklich getroffen, als der Nordbezirk in diesem Jahr zum ersten Mal ernstlich wirtschaftlich erschlossen wird. Für die Kupferminen in Otavi, 3 Reittage östlich von hier, kommt schon im Februar die erste Expedition von Bergwerksingenieuren usw. heraus. Das Kapital der neugebildeten Gesellschaft soll 30 Millionen betragen, wovon allerdings über die Hälfte zu einem Bahnbau nach Otavi zu verwenden ist. Die Vorarbeiten für diese Bahn sollen auch noch in diesem Jahre [7] beginnen, es fragt sich nur, ob sie im Anschluss an die Swakopmund–Windhoeker Strecke gelegt wird, oder von einem Hafen in Angola über den Kunene durch das Ovamboland. In letzterem Falle müsste das bisher nur von Missionaren besetzte und von Händlern durchzogene Ovamboland militärisch besetzt werden, was wohl nicht ohne Blutvergiessen abgehen würde. Jedenfalls findet eine militärische Expedition, ein Demonstrationszug, in den Nordbezirk schon im April statt, und wir haben 1 bis 2 Kompanien und die Feldbatterie, dazu den Gouverneur an der Spitze, hier in Outjo zum Besuch zu erwarten. – Endlich hat der Kollege in Grootfontein, Oberarzt Dr. Kuhn, neuerdings ein Mittel (Serum) gegen die sogenannte [8] „Pferdesterbe", eine schwere endemische Tierkrankheit, erfunden, das, wenn es sich bewährt, dem Schutzgebiet und namentlich dem Nordbezirk erlauben wird, neben der Rindvieh- auch Pferdezucht zu treiben, was bisher wegen dieser Seuche unmöglich war. Kuhn, der schon wegen seiner Verdienste in der Bekämpfung der Rinderpest dekoriert ist, auch originelle, aber nicht so anerkannte Malariastudien gemacht hat, wird sicher ein berühmter und vielleicht ein reicher Mann werden.

So giebt es jedenfalls Aussichten, in diesem Jahr im Nordbezirk etwas zu sehen und vielleicht zu erleben; – worüber ich dann auch berichten werde.

Lebe wohl, liebe Mutter, viele herzliche Grüsse von Deinem dankbaren Sohn

Otto.

OD-1900-03-01-SWA-Letter-12p

Outjo 1.3.00.

Liebe Eltern!

Vor mir liegen unbeantwortete Briefe von Vater vom 22.11.99, 13.12.99, 24.12.99 und 8.1.00, von Mutter vom 9.1.00, sowie verschiedene Ansichtspostkarten aus derselben Zeit. Ein Packet Drucksachen („Woche" u. a.) ist gleichfalls angekommen, ebenso

„Zukunft", „Echo", „Prometheus" von Federking, leider nicht mehr durch Euere Hände.

Ich selbst habe seit den von Vater als eingegangen bestätigten Briefen an Euch geschrieben am 29.11, 13.1.00, 21.1.00, 7.2. und 24.2.00 (die beiden letzten nur Karten), sowie an Vater Geld geschickt:

am 2.12.99   Mk 100.–
am 8.1.00   Mk 200.–
am 1.2.00   „ 200.–

die letzten als Zinsen pro 1899/1900. In [2] diesem Monat kann ich kein Geld schicken. Die Novembersendung von Homann ist noch immer nicht angelangt, wodurch ich gezwungen war, meine Haupteinkäufe in den teuren Stores zu machen. Doch werde ich am 1.4 wieder 100–200 M und später, wenn ich hier pekuniär besser eingelebt bin, mehr einsenden. – Vaters Abrechnung stimmt mit meiner völlig überein.

Ich gehe zunächst zur Beantwortung einiger Puncte aus Eueren Briefen über.

Der von Vater zitierte Aufsatz im Central Baublatt über die „Nackenstütze Neu Guineas" stammt nicht, wie man meinen könnte von dem in N.G. lebenden Missionsarzt Dr. Frobenius, von dem ich wohl zuweilen erzählt habe, sondern von einem Gelehrten, der u. a. in dem laufenden Jahrgang [3] der Zeitschrift „Mutter Erde" eine Reihe von Artikeln über „die Steinbeilkultur Oceaniens" veröffentlicht hat, die sehr lesenswert sind. Da ich sein Hauptwerk „über den Ursprung der Kultur" mir so wie so anschaffen will, so werde ich es Vatern, der für so etwas sich zu interessieren scheint, durch meinen Buchhändler zuschicken lassen, damit er es zuerst liest, und nach etwa 14 Tagen mir hierher weiterschickt. –

Die Grüsse des Dr. Tiedemann jun. erwidere ich herzlich. Er ist, als ich 98 krank in Stade war, mir immer sehr freundlich und kollegial entgegengekommen.

Die Hagenbecksche Freidressur von Raubtieren habe ich in ihren Anfängen 98 in Berlin gesehen; das jetzt [4] vorgeführte Ensemble wird aber wohl noch viel grossartiger sein.

Über Ellas Mitwirkung an Concerten hoffe ich noch Ausführliches zu hören.

Oberstleutnant Gering ist schon wieder abgereist; er war nur als Obergutachter herausgeschickt: ein ehrenvoller und einträglicher Posten.

Was die Zeitungen über den Prinzen von Arenberg schreiben, ist Übertreibung und Verläumdung. Abgesehen von der unentschuldbaren Roheit in der Ausführung der Tötung Willy Kain's ist ihm kein niedriges Motiv vorzuwerfen; er hat in fester Überzeugung gehandelt, nur so sein u. seiner Leute Leben retten zu können. Wäre dies nicht von Anfang an klar gewesen, so hätten wir ihn nicht [5] so kameradschaftlich behandeln dürfen. Denn der „Prinz"-titel imponiert hier wenig, wo neben 12 bürgerlichen Officieren 9 sich zum Adel und Uradel rechnen. Übrigens kann Jeder dazu kommen, in verzweifelter Lage die heimischen Gesetze zu übertreten, *cf* Peters, Leist, Wehlau; dann entrüstet sich daheim der Philister, der die Kolonien nicht kennt.

Euere Nachrichten von alten Bekannten aus Memel usw., haben mich recht interessiert. Wer ist denn, oder wie heisst der Neffe von Uhl, der Stabsarzt in Ostafrika ist? – Dass Paul Ermt im Krieg ist, beweist wohl, dass er *au fond* ein guter Character ist. Aber selbst wenn er den Alcoholismus überwunden hat, würde er, als einer der im Ausland sich frei gefühlt hat, nie wieder in die [6] enge Heimat passen, deren sociale Hindernisse ihn nur zum Rückfall seines Leidens bringen würden. Ob ich ihn je wiedersehe? Bei dieser Gelegenheit möchte ich Eure Burenschwärmerei etwas dämpfen. Wenn auch die Engländer wenig Sympathien verdienen, und wenn auch die Tapferkeit, Zähigkeit u.s.w. der Buren anzuerkennen sind – ihre Freiheitsliebe ist im Grunde ihre Trägheit gegen Kulturfortschritt, und contrastiert eigentümlich mit ihrer Brutalität gegen Farbige, die sie nur „schepsel" = Geschöpfe nennen. Wegen Sklavenhalterei und Roheiten gegen Natives wurden sie in den dreissiger Jahren aus der Kapkolonie verdrängt, und erst neulich hat Lt. Eggers von unserer Schutztruppe bei einer Reise zum Okavango nachgewiesen, dass Buren dort in dem deutsch-portugiesisch-englischen [7] Grenzgebiet Sklaven gekauft haben. Dazu kommt, dass sich die Buren ebensowenig deutsch, als englisch fühlen; das klingt ja idealistisch ganz schön – aber was sollen wir Deutsche uns für Fremde, die uns fremd bleiben wollen, die Finger verbrennen? – – Übrigens hört man hier vom Krieg nicht mehr als in Europa, da uns die 20 Reittage lange Strecke durch die Kalajariwüste vom Kriegsschauplatz trennt. –

Dass der Artikel im Centralbaublatt über die Swakopmunder Mole nicht den Optimismus entwickelt, der bei dem Bauleiter (Ortloff) natürlich ist, freut mich. Als Laie, der aber immerhin viel gesehen hat (Memel, Pillau, Colombo, Buenos-Aires, Madeira, Leixões u.s.w.) habe ich nie geglaubt, dass es auch mit [8] 30 Millionen (statt deren 3) gelingen kann, in den offenen Ozean, an einer Westküste, die die Dünung vom Atlantic und Antarctic unter 60° aufnimmt,

(Anm. d. Hrsg.: s. nachfolgende Abbildung.)

eine Mole hineinzubauen, die ruhiges Wasser hinter sich schafft. Wie es jedem natürlichen Vorgebirge an dieser Küste gegangen ist, wird es dem Kunstproduct auch gehen: der seewärts gelegene Teil bricht ab, der continentale versandet. – Ein Hauptargument gegen die ganze Anlage in S'mund ist erst neuerdings [9] von der technischen Expedition aufgestellt, die von Hansemann zur Beurteilung der Otaviminen herausgeschickt hat: Um sich zu rentieren, müssen diese Minen pro Tag 1000 Tons Erz fördern, zur Küste bringen und verladen: diese Menge würde S'mund nie im Stande sein, hinter der Mole in Leichter zu verfrachten, ganz abgesehen von dem zunehmenden anderen Verkehr. Deshalb tracieren diese Ingenieure nicht die Anschlussbahn Karibib (liegt 140 km von S'mund) nach Otavi, sondern gehen auf den ersten Naturhafen der S.W.küste, auf die Tigerbai in Angola aus. Diese müsste entweder deutsch, oder zollfreier Ausfuhrhafen werden. – – –

[10] Dass Mutter an der Jakaldecke Freude gefunden hat, ist mir lieb zu hören; ich danke ihr für die vielen Memeler Mitteilungen noch besonders. –

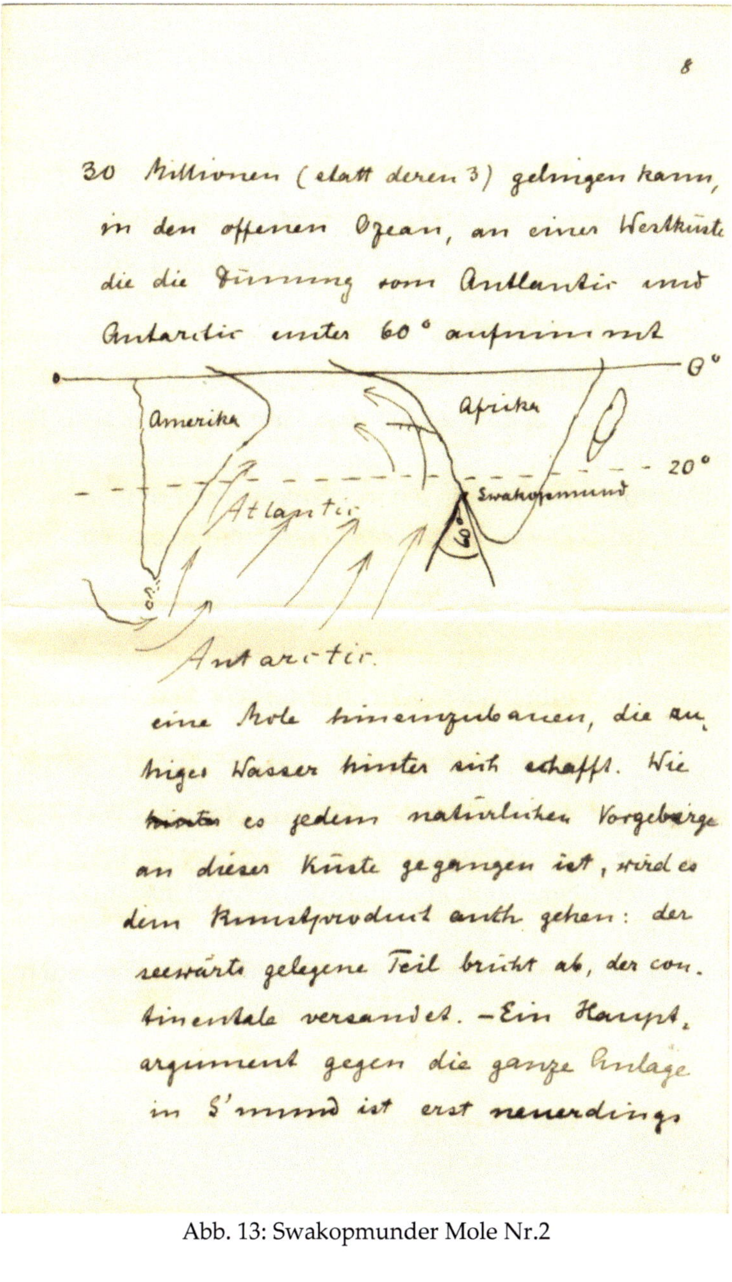

30 Millionen (statt deren 3) gelingen kann, in den offenen Ozean, an einer Westküste die die Strömung vom Antlantik und Antarktis unter 60° aufnimmt

Abb. 13: Swakopmunder Mole Nr.2

eine Mole hineinzubauen, die ru= higes Wasser hinter sich schafft. Wie es jedem natürlichen Vorgebirge an dieser Küste gegangen ist, wird es dem Kunstprodukt auch gehen: der seewärts gelegene Teil bricht ab, der con= tinentale versandet. — Ein Haupt= argument gegen die ganze Anlage in S'mund ist erst neuerdings

Im Anschluss an den Brief, den ich zur Mutters Geburtstag geschrieben habe, muss ich noch erwähnen, dass die Vorstellung vom „Tropenkoller" meines hiesigen Gefährten, Lt. Franke's (den ich damals noch nicht kannte) wohl übertrieben war. Wir geben uns offenbar Beide Mühe, Reibungen zu vermeiden. Übrigens sind wir bisher nur kurze Zeit zusammen gewesen.

Als ich ankam, war er auf Dienstreisen, dann ging ich nach Franzfontein, jetzt ist er wieder fort u.s.w. [11] Da ich jetzt wieder allein bin, so verfliessen die Tage recht einförmig – was mir aber lieber ist, als die Windhoeker Gesellighkeit. Es ist noch immer recht gesund hier, da es im ganzen Februar kaum dreimal geregnet hat; auch ich bin jetzt seit Ostern fieberfrei. Bureauarbeiten der Bezirkshauptmannschaft, die ich in Frankes Abwesenheit zu erledigen habe, und allerlei Lektüre lassen keine Langeweile aufkommen.

Ob der Gouverneur, wie er wollte, in den nächsten Monaten den Nordbezirk bereist, ist wieder fraglich geworden; jedenfalls ist ein Demonstrationszug bisher nicht erforderlich, da überall Ruhe und Frieden herrscht.

[12] Vielleicht besucht Euch mein Vorgänger am Platze, Dr. Dammermann mal in Stade; er ist aus Neuhaus a. d. Oste zu Hause, wo sein Vater Amtmann oder so was ist. Er ist ein bischen sehr von sich überzogen, aber harmlos; er will als Civilist wieder herauskommen und hier sich eine Farm kaufen …

Lebt wohl für heute, bleibt gesund, und seid Alle, auch Ella, Grossmutter, die Tanten und Onkel herzlich gegrüsst

von Euerem Otto.

OD-1900-03-27-SWA-Letter-12p

Outjo 27.3.00.

Liebe Eltern!

Gestern erhielt ich von Oberstabsarzt Lübbert einen eingeschriebenen Brief, in dem er mich vertraulich anfragt, „ob ich geneigt
wäre, in eine etatmässige Stabsarztstelle beim Oberkommando
der Schutztruppen in Berlin einzurücken, wo mich Kohlstock zum
1. October 1900 haben möchte".

Darauf werde ich mit dieser Post direkt an Kohlstock antworten,
„dass dies Anerbieten so ehrenvoll für mich ist, dass ich es nur mit
aufrichtigem Dank gehorsamst annehmen kann". –

Es sind sehr gemischte Gefühle, welche diese Schicksalslaune in
mir hervorruft.

[2] Die Berufung zur obersten Verwaltungsbehörde aller deutschen Kolonialtruppen unter Umgehung älterer Stabsärzte beider
Schutztruppen, vor Beendigung der verpflichteten Dienstzeit, vor
allem aber für einen aus der Reserve übergetretenen Sanitätsofficier ist in der That eine Auszeichnung, die abzulehnen so unmili-
tärisch wäre, dass ich dann nur bald meinen Abschied nehmen
könnte, weil kein Vorgesetzter wieder einen Finger für mich rüh-
ren würde.

Nun bin ich vor dem Abschied nicht so ängstlich, kann ihn aber
immer noch früh genug, und jederzeit nehmen. So lange ich aber
Soldat bin, muss ich alle Konsequenzen tragen. Diesmal bedeuten
sie, meinen Afrikaaufenthalt ein halb [3] Jahr früher beenden, und
auf den Heimaturlaub verzichten: das erste ist schliesslich nicht
so schlimm, das zweite leider ein pekuniärer Nachteil, weil in den
vier Monaten Urlaub das afrikanische Gehalt weitergeht. Aber
wenn auch mehr verloren ginge, ich könnte durch eine Absage

nur noch grösserer Unannehmlichkeiten für die weitere Zukunft gewärtig sein.

Die Dauer des Kommandos hat mir Lübbert nicht mitgeteilt; solche pflegen aber für drei Jahre zu lauten, doch kann man wohl, wenn man gut angeschrieben bleibt, eine frühere Gelegenheit zum Wiederhinausgehen ergreifen; – schlimmsten Falls aber eben seinen Abschied erzwingen.

[4] Nun ist es für mich, der ich am bunten warmen Tropenleben noch lange nicht übersättigt bin, der ich schon die Garnison Windhoek als zu europäisch geflohen habe, der ich weltferne Einsamkeit über Alles lieben gelernt habe, wahrlich kein verlockendes Bild, nasskalte Winter im nebligen Deutschland zu verleben, in der unvermeidlichen Geselligkeit der Herren vom Kolonialamt in bunter Uniform herumzulaufen, im engen Berlin auf kümmerlichen Urlaub angewiesen zu sein. Ich sehe nicht ab, wie lange ich das aushalten werde. Aber versuchen muss ich es.

Es giebt ja auch Lichtseiten, gewiss. Zwar die pekuniäre Lage, – [5] das Gehalt eines Hauptmanns II. Kl. – genügt wohl für einen Junggesellen, aber, in Berlin, langt es auch zu nichts mehr, während man sich in der Kolonie doch keine Einschränkungen auferlegt und von Quartal zu Quartal hofft, etwas zurücklegen zu können – freilich vergeblich.

Aber ich unterschätze nicht, dass ich in Berlin wieder manches sehen, lernen, studieren kann. Ich werde mit meiner fast rein bureaukratischen Thätigkeit zufrieden sein – sind es doch offenbar meine subalternen Kanzlistentalente, die mich für Kohlstock begehrenswert machen. – Und endlich freue ich mich ein Bischen darauf (allzu sentimental [6] war ich nie), Euch, liebe Eltern, die gute alte Grossmutter, Ella, die Verwandten und die wenigen, aber treuen Freunde in der Heimat wiederzusehen und für längere Zeit nahe zu haben. Na ja, so mal über Sontag nach Hannover zu Besuch zu kommen, Ella musicieren hören, mit Muttern in den zoologischen Garten fahren, Vatern zum Frühschoppen begleiten, das wird um so netter werden, als ich es lange entbehrt habe. Und der „Stabsarzt" wird Euch besser gefallen, als vor zwei Jahren der „unpraktische Arzt" – Gewiss, so'n bischen freue ich mich wirklich auf die Heimkehr.

[7] Es kann aber auch noch Alles sich zerschlagen – darum bitte ich, über den engsten Familienkreis hinaus nichts verlauten zu lassen, ehe ich dort bin. Grossmutter freilich müsst Ihr es schreiben, und zwar ohne meine pessimistischen Bemerkungen, damit sie sich ordentlich über ihren Enkel freut.

Bei den weiten Entfernungen bleibt keine Zeit zu nochmaligem Briefwechsel. Nur einmal kann ich noch Antwort von Euch erwarten, die Ende Juni hier eintreffen kann; Ihr werdet dieselbe am besten nach Swakopmund adressieren, wo ich meinen jeweiligen Aufenthalt deponieren werde.

[8] Um dieselbe Zeit, Ende Juni, kann dann auch die officielle Kommandierung hier ankommen. Dann würde ich Ende Juli oder, wenn bis dahin noch kein Ersatz da ist, Ende August abfahren und vier bis fünf Wochen später in Hamburg eintreffen – nach etwas über zweijähriger Abwesenheit.

Ich halte es für angebracht, die Möglichkeit telegraphischer Verbindung ins Auge zu fassen und werde einen Code ausarbeiten, der die wichtigsten Mitteilungen enthält.

Ausserdem gebe ich schon heute eine Reihe geschäftlicher Bemerkungen auf, die besser zu früh als zu spät kommen. [9] Bei Homann habe ich die „laufende Sendung" abbestellt, hoffentlich lässt sich so die Maisendung noch zurückhalten. Übrigens habe ich die Novemberfracht noch immer nicht in Händen: wahrscheinlich ist der Frachtfahrer irgendwo im Sumpf der jetzigen Regenzeit stecken geblieben. –

Meine Heimatzahlungen werde ich nunmehr auch etwas ein-
schränken, um ein Paar Hundert Mark für alle Reisefälle baar in
der Tasche zu haben: da Homann's Waaren noch nicht da sind,
muss ich eben auch mit der Bezahlung warten. –
Wenn Ihr Eueren Umzug insceniert, bitte ich auch die Reste meiner [10] bei Euch befindlichen Sachen mitzunehmen. Es sind dies
wohl nur noch eine Reihe von Büchern (Klassiker usw.) und die
sogenannte Bücherkiste auf der Rumpelkammer. Letztere bitte
ich, womöglich uneröffnet mitzunehmen, jedenfalls aber die in ihr
befindlichen Packete von allerlei Briefen und sonst beschriebenem
Papier, auch von Broschüren, Büchern u.s.w. uneröffnet und voll-
ständig mitzunehmen. –
Die drei Zeitschriften, die Ihr für mich bei Federking haltet, bitte
ich zum 1. Juli abzubestellen. –
Seit meinem letzten Briefe vom 1.3. habe ich an Euch nur [11] ein
oder zwei Karten geschrieben, und von Euch zwei Briefe vom
21.1. und vom 8.2, sowie eine Karte vom 27.1. erhalten; – wofür
besten Dank!
Nicht dagegen erhalten habe ich die angekündigten Zeitungen
mit Programm und Recension von Ella's Spiel – wofür ich mich
doch sehr interessiert hätte. – –
In diesem Monat war ich zweimal in eiliger ärztlicher Thätigkeit
(zu Kranken gerufen, die übrigens durchgekommen sind) nach
den Unterstationen Otavi (144 km ostwärts) und Franzfontein
(136 km westlich). Beide male war ich, um schneller da zu sein,
ohne Karre [12] nur zu Pferde gereist; 144 km in 38 Stunden, ohne
besondere Haferfütterung usw. würde daheim eine kleine Leis-
tung sein; hier ist es alltäglich. Nur auf der Rückkehr von Franzfontein geriet ich in den elendesten tropischen Dauerregen, der
den Weg so durchweicht hatte, dass wir, mein eingeborener Diener und ich, in stockdunkler Nacht stundenlang die Pferde am

Zaum führen mussten. Die letzten 45 km legte ich so in über acht Stunden zurück – das war kein Vergnügen. Nachher nahm ich tüchtig Chinin, badete fest, und bin so gesund geblieben. – So, liebe Eltern, einen neuen Briefbogen fange ich nicht mehr an. Lebt wohl, bleibt Alle gesund, u. seid bestens gegrüsst von Euerem Otto.

OD-1900-03-00-SWA-Attachment-02p

Depeschen-Code vom März 00.

berlin	= ich bin zur Stellung beim Oberkommando einberufen.
afrika	= ich bin nicht zur Stellung beim Oberkommando einberufen, sondern bleibe vorläufig hier. Bestellt wieder bei Homann für mich eine Sendung, wie die letzte war.
urlaub	= ich bin nicht zur Stellung beim Oberkommando einberufen, komme aber alsbald auf Heimaturlaub.
juli	= ich komme im Lauf des Juli in Hamburg an.
august 3	= ich komme am 3. August in Hamburg an.
september 10 Genua	= ich komme am 10. September in Genua an.

(Natürlich kann jedes andere Datum, oder eine andere Stadt genannt werden). [2]

post	= sendet Euere Briefe und alle etwa für mich eingegangenen Sendungen bis zum genannten Datum poste restante in die genannte Stadt.
300	= ich bitte um leihweise Sendung von 300 M postlagernd bis zum genannten Datum in die genannte Stadt.

(Natürlich kann auch eine andere genannte Zahl mit derselben Bedeutung belegt werden).

reise	= meine Reise verzögert sich in unvorhergesehener Weise, aber ich bin gesund.
krank	= meine Reise ist krankheitshalber unterbrochen; Brief folgt.

<u>Beispiel:</u> dempwolff.stade.reise.august.15.southampton.500.

= Reiseverzögerung, aber gesund, komme am 15. August in Southampton an, wohin ich postlagernd 500 M zu schicken bitte. *(Anm. d. Hrsg.: dempwolff.stade = an die Dempwolffs (Eltern) in Stade.)*

Otto Dempwolff.

OD-1900-04-22-SWA-Letter-04p

Outjo 22.4.00.

Liebe Eltern!

Meinen letzten Brief vom 27.3.00 werdet Ihr hoffentlich erhalten haben, so dass Euch das Folgende ohne Vorrede verständlich ist. Am 12.4. erhielt ich einen Eilbrief des Gouverneurs: das Oberkommando frage telegraphisch an, ob ich Stabsarztstelle annehme, ich solle ebenso direkt antworten und bejahenden Falls sofort Heimreise antreten.

Ich habe natürlich depeschiert: „Stabsarzt beim Oberkdo angenommen". – Aber für den Aprildampfer war es zu spät, auch war weder ein Arzt, noch ein Officier am Platze (ist es auch heute noch nicht), dem ich die Geschäfte der Bezirkshauptmannschaft mit [2] u. a. einer Kasse von über 80000 M übergeben könnte, so dass ich zunächst noch hier sitze. Mit dem „Leutwein" könnte ich am 8.5. ab Swakopmund, 15.5. ab Capetown, 4.6. an Southampton – aber es würde mehr kosten, als ich an Reisepauschal + Gehalt bekäme, wozu ich keine Lust habe. Ausserdem will ich noch in Windhoek vorsprechen, einmal um mich persönlich abzumelden, und zweitens um die Malaria-Pferdesterbe-entdeckung Dr. Kuhns zu sehen, von der Ihr im Windhoeker Anzeiger gelesen haben werdet, und der ich sehr skeptisch gegenüberstehe. Kurz: ich reise – wenn nichts dazwischen kommt – mit Maidampfer ab und treffe Ende Juni in Hamburg ein.

[3] Ob diese telegraphische Dringlichkeit bedeutet, dass Kohlstock noch in diesem Sommer einen Vertreter haben will, um auf Urlaub zu können, (was mir am plausibelsten ist), oder ob er die noble Idee hat, mir noch drei Monate Heimaturlaub bis zum 1.10 zu verschaffen, – weiss ich noch nicht, kann also noch keine Pläne über Reisen usw. schmieden.

Vaters Briefe vom 22.2 u. 4.3.00 habe ich erhalten – besten Dank! Der ist fein froh, dass er in den Ruhestand tritt! Das Packet freilich habe ich noch nicht, auch noch keine Homann-Sendung. Es stockt eben in der Regenzeit im Nordbezirk der halbe Frachtverkehr, [4] nur Reiter und Boten kommen durch. Ich denke aber, ich werde die Conserven u. Getränke an die Kasinos oder an Einzelne los, ohne pekuniären Schaden zu erleiden. Überhaupt hoffe ich mit ± 0 aus dem Lande zu gehen. In der Beziehung ist's ein erbärmliches Affenland: nur von teuren, importierten Nahrungsmitteln leben zu müssen. Sonst gehe ich ungern, vor allem: so lange ich denken kann, war ich nicht so gesund, wie hier im letzten Jahr.

Doch – alea iacta est – schimpfen nützt nichts mehr: ich muss heim.

Gute Nacht für heute.

Herzliche Grüsse!

Otto.

OD-1900-05-10-SWA-Poem-05p-NoXVI

(Anm. d. Hrsg.: aus dem Gedichtbüchlein Dempwolffs mit 16 Gedichten aus der Zeit 05. Juli 1898 bis 10. Mai 1900)

XVI.

(Unvollendet)

[49] Nun ich verlasse dich, schönes Land,
will ich zu bleibendem Unterpfand,
dass ich einst wiederkehre,
dass es zurück zu dir mich zieht,
singen ein letztes Abschiedslied,
Afrika, zu deiner Ehre!

[50] Oft, wie heute, um Mitternacht,
bin ich durch schimmernde Vollmondpracht
über die Steppe geritten.
Sind in mir, wie durch Zaubermacht,
alter Zeiten Bilder erwacht,
was ich erlebt und erlitten.

[51] Droben blinken Sterne so traut,
wie ich daheim als Kind sie geschaut,
Sirius und die Plejaden.
Sonnengesetze sind heimlicher Trost:
Vorbestimmt ist, was sich jeder erloost,

...

[52] Unter dem Sattel ein treues Ross,
hinter mir ferne der Diener Tross

...

[53] Westwärts die Nacht vor dem Morgenrot flieht,
durch meine Seele ein Jauchzen zieht:
herrliches Leben hienieden!
Kehrt auch entschwundene Zeit nicht zurück,
dass du genossest dies letzte Glück,
wunscharmes Herz, sei zufrieden.

10.5.00.

Abbildungsverzeichnis

wobei:

Tagebuchblatt vom Dezember 1898 (Seite 10), aus:
OD-1898-12-16-SWA-Diary-30p, Seite [10].

Tagebuchblatt vom Dezember 1898 (Seite 11), aus:
OD-1898-12-16-SWA-Diary-30p, Seite [11].

Swakopmunder Mole Nr.1, aus:
OD-1899-03-03-SWA-Letter-10p, Seite [9].

Otto Dempwolff 1899, mit Vermerk auf der Rückseite:
„Mit Otto's Briefe, a. d. Windhorst, den 8. November 1899, am
20. Dez. 1899 mit noch 18 anderen Photographien in Stade erhalten. Dp."

Swakopmunder Mole Nr.2, aus:
OD-1900-03-01-SWA-Letter-12p, Seite [8].

Südwestafrika ... um 1900 aus:
N.N.: Südwest-Afrika, 1:3.000.000, Karte gekennzeichnet mit
„24.11.05 Dp".

Abkürzungsverzeichnis

00	Platzhalter für den Tag oder den Monat in einer Datumsangabe (wenn der Tag oder der Monat unbekannt ist)
.. .. ..	Leerraum (fehlender Name, fehlende Zahl …) im originären Text
xxx	unleserliche Stelle im originären Text
a. D.	außer Dienst
a. d.	an der, auf der, auf dem
and.	andere
bezw.	beziehungsweise
c.	circa
ca	circa
c^{a}	circa
cf	man vergleiche (lateinisch *confer*)
Ctr.	Zentner
d. J.	dieses Jahres
dh	durch
dhbricht	durchbricht
ds. Ms.	dieses Monats
Dtz.	Dutzend
Dtzd.	Dutzend
Feldw.	Feldwebel

Gefr.	Gefreiter
Kgl.	Königlich
Kolon.	Kolonial, Koloniales
Komp.	Kompanie
L. E.	Liebe Eltern
Lb	Pfund
Lt.	Leutnant
M	Mark
M.	Mark
Maj.	Major
mn	mein, meine, meinen …
N	Norden
N.	Nummer
N.G.	Neu Guinea
NG	Neu Guinea
N$^{\underline{o}}$	Nummer
O	Osten
O.S.O.	Ostsüdost
Oberstleutn.	Oberstleutnant
OD	Otto Dempwolff
Res.	Reserve
resp.	respektive

Rgt.	Regiment
Rt.	Reiter
Rtstden	Reitstunden
S	Süden
S.	Swakopmund
S.M.	Seine Majestät
S'mund	Swakopmund
sh.	Schilling
SWA	Südwestafrika
u	und
u.	und
U.off.	Unteroffizier
Unt.off.	Unteroffizier
W	Westen
W'hk	Windhoek
WSW	Westsüdwest

Personenverzeichnis

Ahrens	Bekannter aus Papua-Neuguinea, Kaufman, Storekeeper in Swakopmund.
Alfred	Bergdamara, erster Diener von Otto Dempwolff bis 01. August 1899.
Arenberg, Prinz von	Leutnant à la suite, in Epukiro stationiert.
Auguste	Rotkreuz-Schwester Auguste Hertzer, sehr gute Bekannte aus Papua-Neuguinea.
Bahr	Mitreisender auf der *Marie Woermann*, Kaufmann, Strohwitwer, nach Swakopmund reisend.
Balzer	Truppler, mit zwei Kindern, in Zachis.
Böhm	Gefreiter, in Seeis.
Boysen	Mitreisende Familie auf der *Marie Woermann*, Holsteiner, der Vater früher kleiner Gutsbesitzer, jetzt Kaufmann (Storekeeper) in Windhoek.
Brockdorff, von	Familie in Hohewarte.
Buff	Engländer, Farmbesitzer.
Cooper, David	Hottentotte, aus Gochas.
Dammermann, Dr.	Arzt, Vorgänger von Otto Dempwolff in Outjo.
Dedig	Mitreisender auf der *Marie Woermann*, Anfang zwanzig, Kommis einer Importfirma.

Deuler	Mitreisender auf der *Marie Woermann*, Leutnant vom 4. Bayerischen Feldartillerie-Regiment, ca. 27-29 Jahre alt.
Dubrow	Begleiter auf der Ostreise 1898.
Ehlers	siehe *Dempwolff, Otto: Tagebücher aus Papua-Neuguinea.*
Ella	Schwester von Otto Dempwolff.
Erhard	Kaufmann, in Swakopmund.
Estorf, von	Leutnant, in Outjo.
Franke	Oberleutnant, Bezirkshauptmann in Outjo.
Friess, Jakobus	Bastard *(Anm. d. Hrsg: Mitglied der entsprechenden afrik. Volksgruppe Baster)*, zweiter Diener von Otto Dempwolff.
Gendies	Unteroffizier, in Seeis.
Goger	Feldwebel, in Gobabis.
Grunert, Otto	Post-Korrespondent, Bekannter in Deutschland.
Gubba	Bekannte in Deutschland.
Guste	Tante in Deutschland.
Hagen, von	siehe *Dempwolff, Otto: Tagebücher aus Papua-Neuguinea.*
Heldt	Besitzer des Foxterriers Mans.

Henkert	Mitreisender auf der *Marie Woermann*, Kaufmann, Strohwitwer, nach Swakopmund reisend.
Heydebreck, von	Hauptmann, in Windhoek.
Jacobi	Unteroffizier, auf Station Arahoab.
Jakobus	siehe Friess, Jakobus.
Johannes	Polizist in Oas.
Jonathan	4 Wochen Diener Dempwolffs, Zwartboihottentotte, Vorgänger von Alfred.
Judt	Missionar in Hoachanas, mit Frau.
Kain, Willy	Eingeborenen-Polizist.
Kaufholz, Ida	Mitreisender auf der *Marie Woermann*, Schwester vom Roten Kreuz, nach Windhoek reisend.
Keetz	Hotelbesitzer in Swakopmund.
Koch	Geheimrat, in Berlin *(Anm. d. Hrsg.: gemeint ist Prof. Dr. Robert Koch)*.
Köhler, Dr. jur.	vertritt Perbandt in Swakopmund.
Kohlstock	Oberstabsarzt, in Berlin *(Anm. d. Hrsg.: gemeint ist Prof. Dr. Paul Kohlstock)*.
Kossel, Prof.	Professor am Institut für Infektionskrankheiten in Berlin.
Kuhn, Dr.	Oberarzt in Grootfontein.
Lampert, Jacob	Hottentotte, aus Arahoab.
Leutwein	Major, Oberstleutnant, in Südwestafrika.

Lindequist, von	Regierungsrat, vier Jahre juristischer Beistand bzw. Vertreter des Gouverneurs, in Windhoek.
Lübbert	Oberstabsarztes, Dempwolffs Vorgesetzter, in Windhoek.
Luckan	Reiter, in Gobabis.
Ludwig	Baumeister, Restaurantbetreiber, in Windhoek.
Ogilvie	Bekannte in Deutschland.
Ohlsen	in Gobabis.
Ollwig	Stabsarzt, zum zweiten Mal für Ostafrika bestimmt, in Berlin.
Ortloff	Ostpreuße, Baumeister, Bauleiter der Swakopmunder Mole, in Swakopmund.
Pahl	Finanzkommissar, in Windhoek.
Pavlovic	Briefkorrespondent (*Anm. d. Hrsg.: gemeint ist vermutlich Prof. Milorad Pavlović, 1865–1957*).
Perbandt, von	Bezirkshauptmann, in Swakopmund.
Peters	Unteroffizier, Stationsältester, in Hohewarte.
Pilet	Mitreisender auf der *Marie Woermann*, 35 Jahre alt, Junggeselle, früherer Kaufmann, Besitzer der Farm „Frauenstein" bei Windhoek.
Rennert, Rewers	Gefreiter, Ostfriese aus Norden.

Richter	Mitreisende auf der *Marie Woermann*, Frau des Stabsarztes a. D. Dr. Richter.
Richter, Dr.	Stabsarzt a. D., Regierungsarzt in Swakopmund.
Ritter	Gefreiter, in Hoachanas.
Rohloff	ehem. Feldwebel, Ostpreuße, Kaufmann, Farmer aus Kuzikus.
Rüdiger	siehe *Dempwolff, Otto: Tagebücher aus Papua-Neuguinea.*
Schroeder	Farmer aus Kuzikus.
Schultz	früher jahrelang in Australien, jetzt zur Einführung der Schafzucht bei Brokdorffs engagiert, in Hohewarte.
Schultze	Leutnant, Leiter des Bahnbaues, in Swakopmund.
Stillfried, Graf von	Graf von Stillfried-Rattonitz, Mitreisender auf der *Marie Woermann*, Leutnant vom Königlich Preußischen Infanterie-Regiment „von Lützow" (1. Rheinisches) Nr. 25, ca. 27-29 Jahre alt.
Swartjehan	Heldts Bambuse.
Thalheim	Ansiedler, in Seeis.
Thimothe	vermutlich: Timotheus
Tietz	Kaufmann, in Swakopmund.
Timotheus	Bruder von Dempwolffs zweiten Diener Jakobus Friess.

Tomaszewski	Reiter, in Gobabis.
Triebe, A.	Kapitän des Dampfers *Marie Woermann*, Leutnant zur See der Reserve.
Umbaine	Herero-Grootmann, in Aub.
Utpaddel	Kapitulant.
Volkmann	Mitreisender auf der *Marie Woermann*, Leutnant, 1894–1897 in SWA, ca. 27–29 Jahre alt.
Wassermann, Prof.	Professor am Institut für Infektionskrankheiten in Berlin.
Wehrenpfennig, Dr.	Arzt auf der *Marie Woermann*, Braunschweiger, angeblich Sohn eines Fabrikbesitzers.
Wieland	Gefreiter, Reitordonnanz, Teilnehmer seiner sog. Ostreise.
Wieland	Farmer in Kuzikus.
Wulf	Kaufmann, in Swakopmund.
Zülow, von	Leutnant, in Windhoek.

Pferdeverzeichnis

Hebron   Dempwolffs erstes *Chargenpferd* (Dienstpferd), Flamländerfigur, starb 1898 an Kolik.

Paula   Braune Stute, ergänzend zu *Vogel* für seine „Ostreise".

Vogel   Dempwolffs zweites Dienstpferd ab 1898, Blauschimmel, 12-13 Jahre alt.

Windhorst   Pferd auf der Abbildung *Otto Dempwolff 1899*.

Witfoet   braunes Pferd seines Bambusen Alfred.

außerdem:

Mans   Heldts Terrier (Hund).

Wörterverzeichnis

Das Schriftstück *OD-1898-12-16-SWA-Letter-30p* liegt in deutscher, die übrigen Schriftstücke liegen in lateinscher Handschrift vor. – Nachfolgend ein Vergleich der von Dempwolff verwendeten Schreibweise (links) mit der heutigen Schreibweise (rechts) anhand von Beispielen (teilweise verwendet er beide Schreibweisen):

draussen	draußen
einigermassen	einigermaßen
vorschriftsmässig	vorschriftsmäßig

(keine Verwendung des heutigen Buchstabens „ß",
Ausnahme: *OD-1898-12-16-SWA-Letter-30p*)

acceptieren	akzeptieren
affreux *(französisch)*	schrecklich
Attaque	Attacke
au fond *(französisch)*	im Grunde
baar	bar
Bambuse	eingeborener Diener
behufs	zu dem Zweck, zwecks
betappen	ertappen
bischen	bisschen
Boeren	Buren
Bureau	Büro
c'est tout *(französisch)*	das ist alles
Cabinetsordre	Kabinettsorder
Capitain	Kapitän
Capitulant	Kapitulant (freiwillig länger dienender Soldat)
Christmess	Christmas
Contocurrent	Kontokorrent
dadh	dadurch

Dittche (*ostpreußisch*)	Zehnpfennigstück
Drell	strapazierfähiges Gewebe
durchzugene	durchzogene
Dutchenkrämer	Kleinkrämer
Elephanten	Elefanten
eoelestisch	?
faute de mieux (*französisch*)	in Ermangelung eines Besseren
Geheimrath	Geheimrat
giebt	gibt
Hülfsmittel	Hilfsmittel
Intriguen	Intrigen
Jakal	Schakal
Kaffe	Kaffee
Kalajariwüste	Kalahari-Wüste
Kameel	Kamel
Lazareth	Lazarett
Maassregel	Maßregel
maître de plaisir (*französisch*)	Meister des Vergnügens
Manchette	Manschette
medicinisch	medizinisch
miserabelen	miserablen
moech	?
Mühwaltung	Mühe
Paarchen	Pärchen
Pacificierung	Pazifizierung
Packet	Paket
Pad (*afrikaans*)	Pfad, Weg, Straße, …
Patt	vermutlich: Schildpatt
pecuniär	pekuniär
praatjeten (≈ *niederländisch*)	plaudern
praktischesten	praktischsten

principiell	prinzipiell
rauh	rau
Reminiscenz	Reminiszenz
Roheit	Rohheit
sammt	samt
sämmtlich	sämtlich
Scaap	vermutlich: Schaf
Sontag	Sonntag
Strohwittwer	Strohwitwer
Thätigkeit	Tätigkeit
Tin	Blechdose
tracieren	Trasse festlegen
verflüchtete	verflüchtigte
Verläumdung	Verleumdung
Viehheerden	Viehherden
Vley *(afrikaans)*	Regenwasser in einer flachen Senke
Waare	Ware
Wwerts	westwärts
zu teil wurde	zuteilwurde

Insbesondere bei längeren Wörtern setzte Dempwolff den Bindestrich wie folgt ein (es handelt sich nicht um Trennungsstriche, die irrtümlich durch das Textverarbeitungsprogramm aus einer vorangegangenen Silbentrennung übernommen wurden):
Grosskapital-gesellschaften
Instrumenten-fabrikanten
Malaria-Pferdesterbe-entdeckung
Patt-stangen

Auf -*nis* endende Wörter schrieb Dempwolff teilweise mit der Silbe -*niss*:

Geständniss	Geständnis
Verhältniss	Verhältnis
Wildniss	Wildnis

Einige Sätze werden heute anders formuliert, z.B.:

Ich habe nötig	Ich habe es nötig
für die Zukunft gewärtig sein	für die Zukunft erwarten

Folgende Abkürzungen wurden ersetzt bzw. beibehalten:

⚹	Pf. (Pfennig)
℔-ähnliches Zeichen	Pfund
u.s.w.	u.s.w. (wurde beibehalten)

Die Kommasetzung entspricht nicht immer den heutigen Regeln. Aus Gründen der besseren Verständlich- und Lesbarkeit der Texte wurden einige Kommas vom Herausgeber eingefügt.

Wenige Wörter wurden korrigiert (z.B. Aneroid statt Arenoid, meteorologisch statt metereologisch, coloured statt colourated). Weitere bewusste Korrekturen wurden nicht vorgenommen. Wörter wie vorigjährig, eoelestisch … wurden übernommen.

Folgende Orte/Länder tragen heute andere Namen:

Arahoab	Aranos, Namibia
Capetown	Kapstadt, Südafrika
Franzfontein	Fransfontein, Namibia
Khomashoogte	Khomas Hochland, Namibia
Otyimbingue	Otjimbingwe, Namibia
Schwarzort	Juodkrantė, Litauen

Zesfontein	Sesfontein, Namibia.

Folgende Orte konnten nicht ermittelt werden:

Aub	Groot Aub, Namibia?
Groode Döden	?
Kuikus	Kuzikus, Namibia?
Ovatera	?
Stampried	Stampriet, Namibia?
Zachis	?

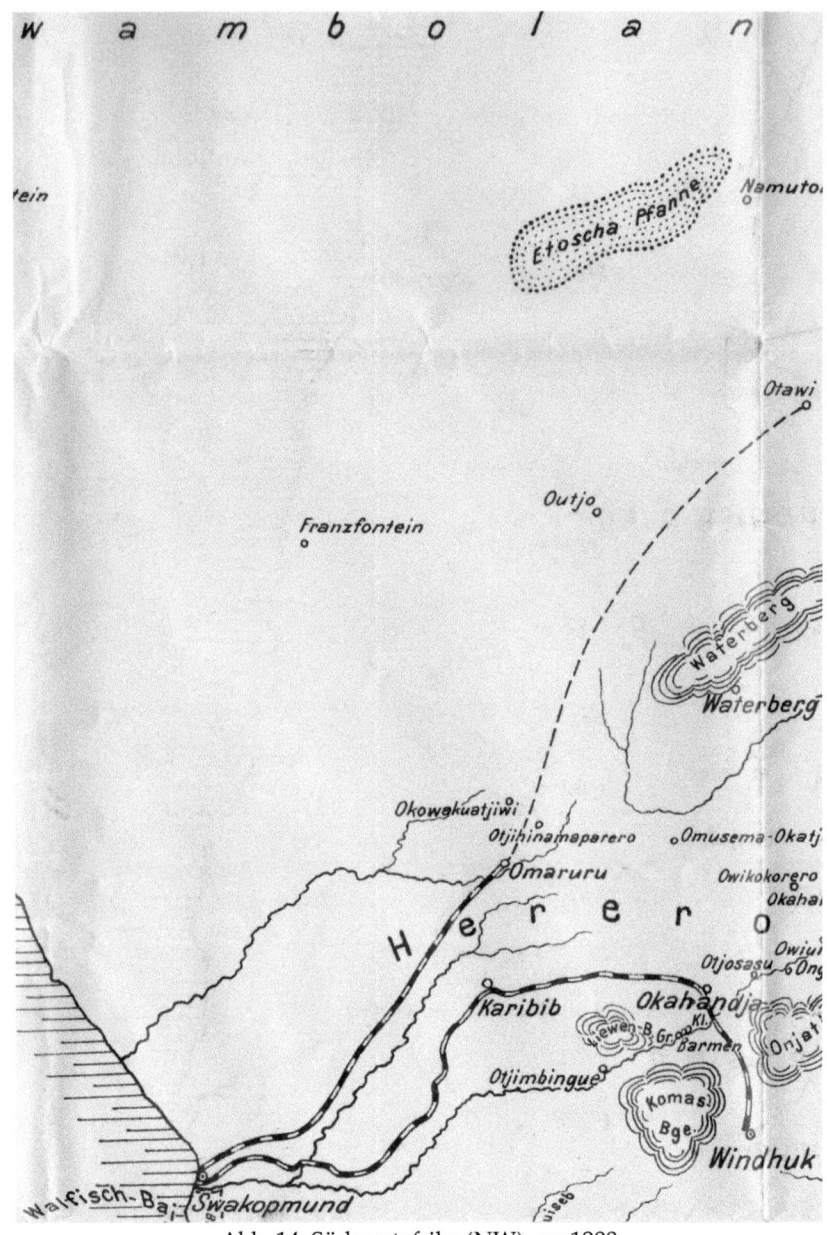

Abb. 14: Südwestafrika (NW) um 1900

Abb. 15: Südwestafrika (NO) um 1900

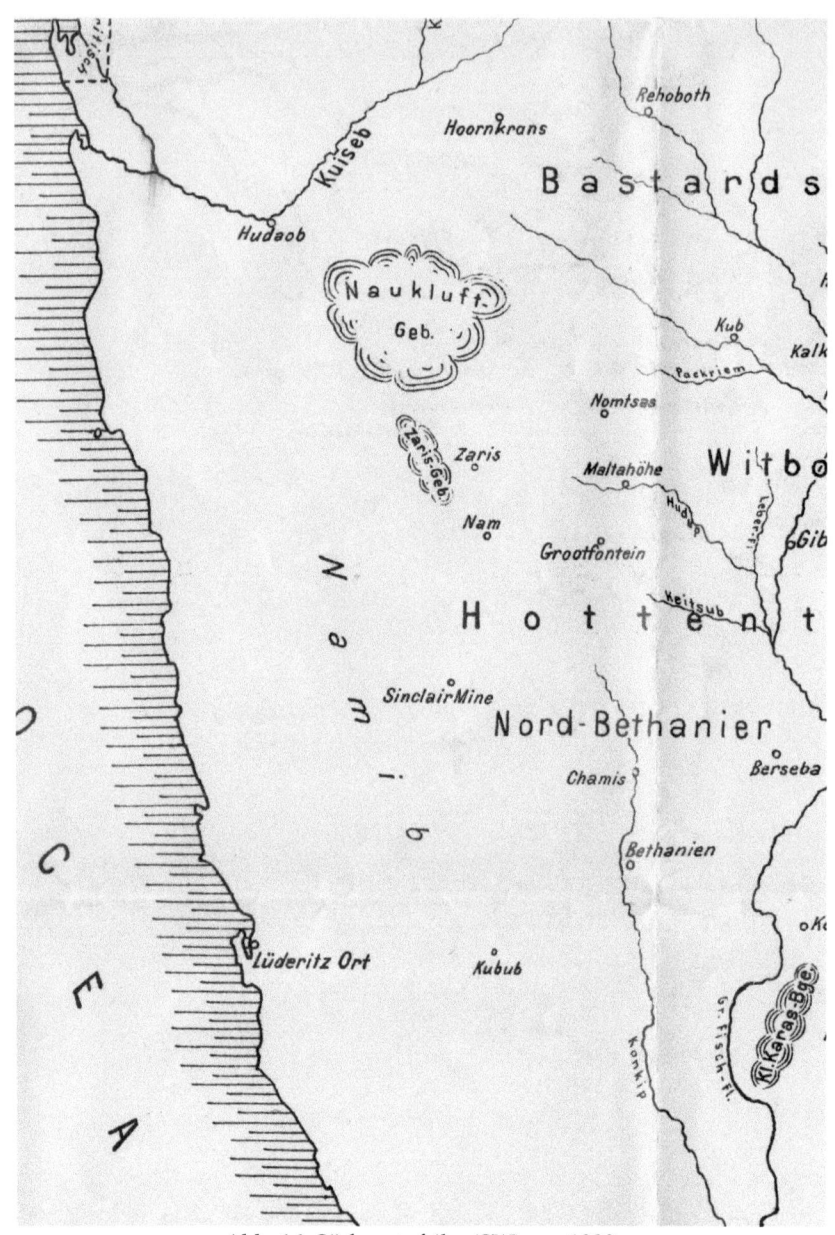

Abb. 16: Südwestafrika (SW) um 1900

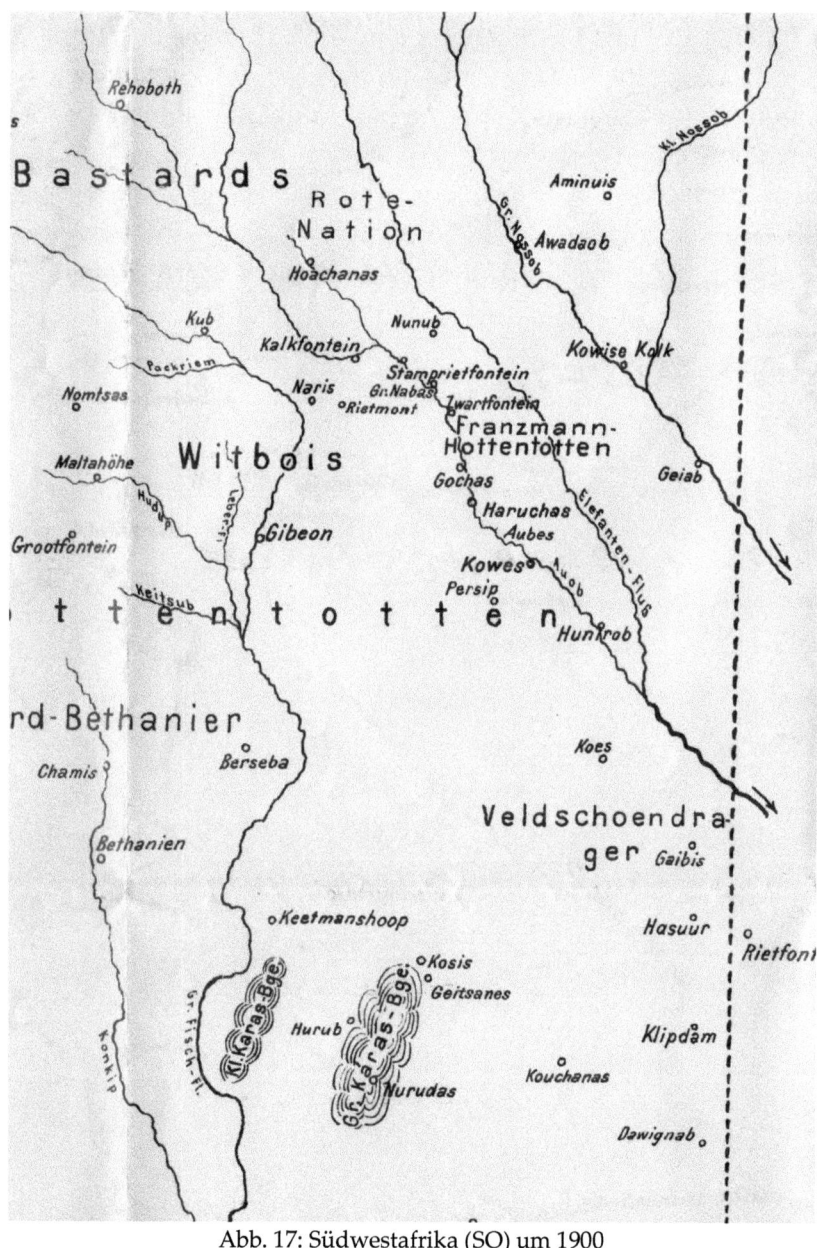

Abb. 17: Südwestafrika (SO) um 1900

147

Ich hoffe, weitere Tagebücher Dempwolffs herausgeben zu können: *Papua-Neuguinea, Südwestafrika, Ostafrika*. Auch hier hat meine Mutter Irmgard Duttge, geb. Dempwolff, bereits herausragende Vorarbeit geleistet ...

Bisher erschienen im gleichen Verlag:
Dempwolff, Otto: *Tagebücher aus Papua-Neuguinea 1895–1896*.